Se secará como la hierba

Antología (1946-2009)

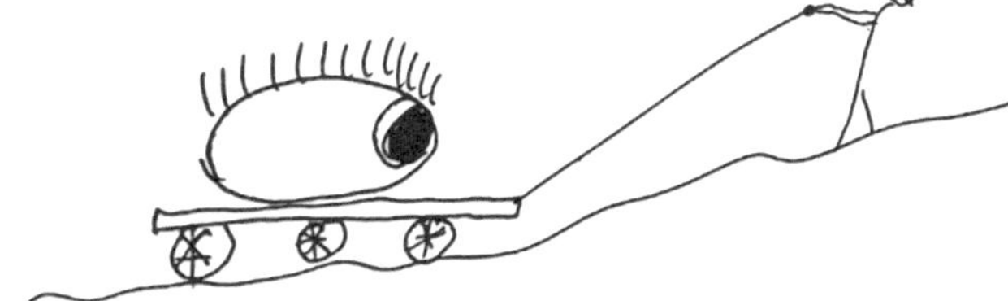

Friederike Mayröcker: Autodestruktion, oder ERZAUGE" August '93

FRIEDERIKE MAYRÖCKER

Se secará como la hierba

(Antología 1946-2009)

Prólogo de ISEL RIVERO
Traducción de SANDRA SANTANA
y MAGDALENA KOTZUREK

ARREBATO LIBROS

1.ª edición, octubre de 2024

isbn: 978-84-19753-38-0
depósito legal: M-20480-2024

Este libro ha sido publicado gracias a una ayuda a la traducción otorgada por la Cancillería Federal (Bundeskanzleramt) de la República de Austria.

arrebato libros
c/ La Palma, 21. 28004, Madrid
www.arrebatolibros.com | arrebato@arrebatolibros.com

Traducción: Sandra Santana y Magdalena Kotzurek
Prólogo: Isel Rivero

Maquetación y diseño: Alonso & Moutas

Este libro ha sido compuesto íntegramente utilizando la tipografía At Geodesic, diseñada por Arillatype.Studio y publicada en octubre de 2022.

La fotografía de la cubierta es un retrato de la autora tomado el 26 de julio de 1970. Esta imagen fue adquirida a INTERFOTO a través de Alamy Stock Photo y se acoge a la licencia estándar ofrecida por esta plataforma.

Esta obra ha recibido una ayuda a la edición de:

Bundesministerium
Kunst, Kultur,
öffentlicher Dienst und Sport

Hecho en Malasaña - Madrid

Tardes en el Café Museum y Zentagasse 16. Palabras a modo de introducción

por Isel Rivero

> *Her combinations of the most disparate material have their being in total freedom.*
>
> Michael Hamburger

Viena, invierno 1968. Schwarzenbergplatz y el monumento-fuente ruso a sus caídos. Grafitis en cirílico en las paredes delimitando los sectores de los aliados vencedores de la segunda gran guerra, o en inglés, o francés... ...una quieta hostilidad al extranjero a veces reflejada en la mirada o en gestos despectivos. En los cafés, algo opresivo y asfixiante aparentando un aire normal, recuerdo un relato de Ingeborg Bachmann, y el hielo o la nieve cubriendo los parques. Contrastes del elegante *jugendstil* con la precariedad que se trataba malamente de disimular. Antonio Cánova en una iglesia, los niños cantores en otra, el barroco estrepitoso en el Graben o *tumba de la peste* y de los palacios frente a las puertas del Hofburg protegidas por gigantes. Pisadas que por la noche se escuchaban sobre los adoquines mojados, voces e instrumentos musicales que emitían ecos de ensayos y retumbaban por las callejuelas, Mozart, Haydn, una ciudad rodeada por el canal del Danubio que la protegía de las inundaciones, nunca Friederike me comentó la pobreza latente de entonces.

Primavera, 1970. Michael Hamburger llega a la ciudad y una tarde en el Café Museum me presenta a Friederike que espera y que me habla como en un susssurro... Hablamos en inglés por cortesía hacia mí y Michael cambia de idioma a su antojo, yo les sigo y de vez en cuando añado algún comentario, sobre el poeta Georg Trakl, y sobre *La muerte de Virgilio* de Hermann Broch. Nos vimos muchas veces más, así se configurarían los días los encuentros el hablar y el no hablar el peso leve del silencio la mirada que busca dentro la palabra o la imagen.

Ernst Jandl, su compañero, poeta y cómplice, aparece otro día y ríe mucho pues le gustaba la ironía y el burlarse de sí mismo. Friederike dibuja sonrisas trata de entender lo que busco lo traduce lo lee en la página toma lo que le place o lo que le llama la atención sobre todo las imágenes las confluencias y referencias tangenciales. Friederike fue maestra de inglés hasta 1969 cuando renuncia a su puesto para poder escribir. En aquellos años acomete sola o con Ernst Jandl los *Hörspiele*, teatro para la radio alemana, colaboraron juntos cuatro veces. Y escuchándolos se sienten los juegos politonales que ensaya con las palabras y su proyección. La pasión que los unía era deconstruir la retórica «el uso del alemán con fines propagandísticos del nacional socialismo» renacimiento de otro modo de otro mundo fuera del orden, de la disciplina impuesta por los nazis. La obra sobre esta problemática de Viktor Klemperer, *Lingua Tertii Imperii o La Lengua del Tercer Reich*, es esclarecedora. También me sugería la búsqueda tan ansiada de Virginia Woolf hacia significados, escribir como única herramienta posible para proteger y compartir lo esencial del ser.

En una de esas tardes entrego a la poeta el manuscrito de *October Songs* y me sugiere que llame a Angelika Kaufmann[1], la pintora, para que me asesore en la preparación de este. El librito fue mi primer ensayo en la escritura de poesía en inglés, algo que Friederike consideró natural. Las sinergias entre la música y el texto están muy presentes en su obra y este factor nos unió creativamente a las dos.

[1]. Pintora austriaca contemporánea nacida en 1935. Autora de grabados, dibujos e instalaciones. Colaboró e ilustró los libros infantiles de Mayröcker.

Me obsequia *Tod durch Musen*, su primer libro de 1966, donde ya traza la dislocación de lo lineal, lo que consideramos formal, y que en una frase parece resumir toda su obra posterior: ***...und neu webt leben in Leben...*** (y nuevamente teje la vida en vida) como las Nornas germánicas. Me pregunté entonces, ¿han muerto las musas después de la guerra? Las interpela, las reta, y la poeta se ve a sí misma como testigo y partícipe: ***goebbels: „...wollt ihr den totalen krieg..!» - J A A A)***, dice en el primer poema, *(modell I/cleo)*.

Visité su estudio en la Zentagasse varias veces. El piano de cola-librero. Su negativa a albergar algún animal de compañía por la distracción que ello conllevaría, «no podría escribir, estaría todo el tiempo mirándolo». La mirada de Friederike bajo el pelo cerquillo, el impecable negro de lo que vestía, nada que pudiera destacar más que lo que le rodeaba, atención minuciosa a las plantas y flores en las calles, en los parques, en una casita fuera de Viena donde a veces Ernst y ella pasaban alguna temporada. Le gustaba viajar, pero no la separación de su entorno y cuando lo hacía, especialmente a Alemania, escribía con cierta añoranza sobre las estaciones, la floración de los castaños, las rosas en el Stadt Park...

Nos veíamos entre paréntesis, cuando también una u otra leía en público, intercambiábamos impresiones, esto era lo que más le interesaba, cómo la mirada pasaba sobre los detalles y cómo se detenía y cómo surgían entonces afluentes desde donde surgían aún más imágenes que llegaban a su consciencia. Era un vaivén entre lo soterrado y lo presente, todo era el todo. Más adelante repasaba lo que yo le daba y nunca hacía ningún comentario excepto sobre lo que mis palabras evocaban en ella. Añado otro comentario que de nuevo resalta en el proceso continuo de su transformación creativa y que se refleja en el título de la compilación de su obra poética entre 1986-1991, *Das besessene Alter*, ya que en más de una ocasión me comentó que era poseída, ***bessesen***, por las palabras y la sonoridad del dialogo.

Ernst sí reía, aunque su mirada era melancólica, mientras que Friederike hablaba con los ojos. Ambos formaban un núcleo y al separarse cada día volvían a su vocación de escribas. Creo que Friederike en su introspectiva forma de acercarse al otro nunca dejaba de escribir en su conciencia. Temía olvidar o no atrapar lo sugerente. Poder mnemónico, acuciante, infinito.

Un día le comenté que no tendría que preocuparse por escribir su biografía porque ya estaba escrita en sus libros. Su sonrisa callada me sugirió que ni se lo había planteado y que ello estaba fuera de sus posibilidades, no le interesaba. Sin embargo, en algunas de las entrevistas realizadas, deber obligatorio después de cada distinción o premio que le otorgaban, no tenía inhibición de hablar de lo íntimo siempre que fuera con relación a su obra. Es decir, creo que nunca se planteó la cronología porque no era ella. La percepción del tiempo no le preocupaba, porque en sus textos hay una consecución constantemente interrumpida por derivaciones, fonéticas, *flashbacks*, diferentes idiomas y alusiones a otros creadores. Solo quizás empezó a preocuparle después de la muerte de Ernst, cuando siente su propia vejez, la merma del movimiento (era una gran caminadora), el cuerpo cada vez más abatido, (era muy alta), la vista, (su ojo derecho se nublaba). Visitas a los médicos de las cuales se quejaba, me decía, otra vez a la Doctora XXX o Doctor XXX. Además, recuerdo que los viajes le inyectaban energía por los nuevos paisajes, observaciones de estilo, por la fricción de diferentes acentos, tristemente poco a poco tuvo que ir reduciéndolos, esto me dijo cuando regresé a Viena después de una ausencia larga. Ya había escrito *Reise durch die Nacht* (*Viaje a través de la noche*) en el tren hacia Paris en 1992.

En sus últimos años era muy difícil entenderla, y menos al teléfono, hablaba cada vez más en *sotto voce* aunque siempre casi sussssurraba cuando se acercaba al oído a decir algo. No respiraba, sino *aspiraba*. Cuando leía en público en una gran sala era necesario un amplificador y situarla cerca del micrófono, aunque prefería ambientes pequeños donde se creaba más intimidad. Sus textos descansan sobre una gran musicalidad tonal y cromática como Mozart/Schubert o estirando el oído hacia Richard Strauss, también atonal, y aunque narrativo, *El Pierrot Lunaire* de Arnold Schonberg, muy diferentes las disonancias en fortísimo de Ernst. Y sí, gravitaba hacia lo intertextual, como varias compositoras contemporáneas lo hacían y hacen. Pienso en Katia (Kaija) Saariaho. Y Sofia Gubaidulina.

Friederike leía vorazmente y tomaba muchas notas. Su estudio estaba empapelado con citas de autores no solo alemanes sino franceses, italianos, Maiakovski, que yo recuerde, *postcards*, collages, decía que las avispas anidaban en ellos. Investigaba en sus lecturas la desarticulación del lenguaje, la apropiación y deconstrucción de este, por ello su afinidad temprana hacia Gertrude Stein. Tal experiencia se ve en sus referencias a los autores franceses como Deleuze, Derrida e incluso al artista Marcel Duchamp. Sin embargo, la cercanía más profunda, al menos en la década en que coincidimos con mayor intimidad, fue con Hölderlin. De alguna intrínseca forma sentía una afinidad profunda con el poeta declarado enajenado y apartado en una torre al borde del rio Neckar. De esta conjunción con él surge *Scardanelli* en 2009, uno de mis títulos preferidos de la autora ya que el librito, editado como a ella le gustaba, es «portátil», es decir, no pesa, y se puede llevar en el bolso, abrir al azar y leer en cualquier parte[2].

[2]. Existe una edición en castellano de este libro en traducción de José María Reina Palazón: Friederike Mayröcker, *Scardanelli*, Málaga: Edalibros, 2014. «Scardanelli» es el nombre que utilizó Friederich Holderlin para firmar su poema «Die Aussicht» (La visión) en 1748.

En 1946, ya postguerra, sus primeros poemas fueron publicados por Otto Basil en la Revista *Der Planen* y poco después, al igual que Ingeborg Bachmann, Ilse Aichinger o Gunter Grass, perteneció al *Gruppe 47* fundado por el influyente crítico alemán Hans Werner Richter junto al austríaco Hans

Weigel. Este grupo de jóvenes escritores buscaban la renovación del alemán, todos fueron por diferentes caminos y llevaron sobre sus hombros la contaminación que había propagado el Tercer Reich en su lengua. Paul Celan, también perteneciente a este grupo, lo expresó magistralmente al referirse a la obligación de trasladar a la palabra el horror y así honrar, resucitar, a los desaparecidos.

Friederike encontró la vía en sí misma, en la observación más minuciosa del quehacer humano, como Beckett, volcando la experiencia interior y exterior al texto e, incluso, inventando un nuevo lenguaje que en el alemán es posible por su flexibilidad en la creación de vocablos. Buscó la fluidez en la sintaxis y el grafismo al trasladar lo innombrable a su máquina de escribir. Cómo se atrapa la imagen, le pregunté, y me respondió, «respirando y anotando en **tu** taquigrafía el estímulo seminal».

***

Friederike Mayröcker publicó cerca de 100 títulos en vida. Fue nominada al Nobel en varias ocasiones. Murió el 4 de junio de 2021 a los 97 años. Recibí de ella como sus últimos regalos *Fleurs* (2016) y *Requiem fur Ernst Jandl* (2001).

Nota sobre la traducción

Traducir lo que es en realidad una nueva lengua dentro de la lengua canónica, en este caso el alemán, traspasar imágenes contrapuestas de un idioma más cercano al griego que a las lenguas romances, trabajar con una nueva sintaxis, un collage de palabras o, quizás, más precisamente, la voz del inconsciente-consciente: este es el dilema que ha enfrentado Sandra Santana juntamente con Magdalena Kotzurek. Un dilema que no solamente es admirable, sino, además, titánico. Existen diversas tesis sobre la traducción, hay quienes reivindican la literalidad y quienes prefieren «lo interpretativo/recreativo», término que utilizaba el poeta y traductor alemán-inglés Michael Hamburger, y que suscribirían autores como George Steiner, Paul Ricoeur, Walter Benjamin o Charlotte Mandell («algo diferente, pero en sí igual»). Unos y otras hablan de conversión, de buscar el equivalente más natural, incluso tocando la polisemia. Claro que resulta difícil, pero me parece que lo más valioso es cuando un autor o autora se enamora de una obra y decide traducirla. Otra experiencia es la traducción por encargo, y aquí no tengo nada que decir. Mantener la cercanía a una obra es la opción que saldrá ganadora en el proceso. Significa que traducir será un acercamiento y una fusión con otro ser a través de la palabra. En algunas afortunadas traducciones como, por ejemplo, las de autores clásicos griegos, entra la recreación, la búsqueda de lo que una palabra, una imagen, un verbo, significó en la época en la cual fue escrita. Lo han hecho recientemente Anne Carson con Safo y Emily Wilson con Homero.

Este acto afectivo es lo que premia el esfuerzo de Sandra Santana y sus colaboradoras al acercarse a la obra de Friederike Mayröcker y presentar la primera traducción antológica bilingüe de esta esencial escritora austriaca. Afortunadas hemos sido todas después del encuentro con Sandra Santana de la mano de Benito del Pliego en una lectura de mis textos en Zaragoza, allí compartimos nuestra inquietud por la ausencia editorial en España de Ernst Jandl y Friederike Mayröcker. A Ernst ya lo había traducido, faltaba Friederike.

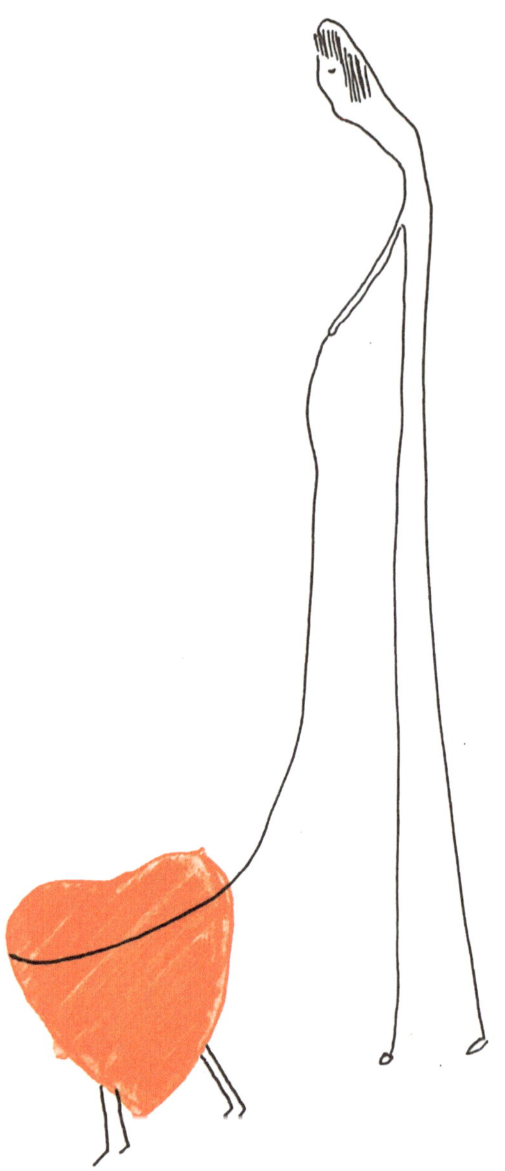

Friederike Mayröcker: „an die Kandare genommen"

El mundo exterior debe convertirse en mundo interior = el hallazgo.
El mundo interior debe convertirse de nuevo en mundo exterior= el poema.

Friederike Mayröcker

Lied im Oktober

für H. B.

Alle weiszgelockten
Wolken wiegen federnd
an die Wiese, kleine
Herbstzeitlose lichtet
mildeduftend durch den
Tag : irgendwo im Blauen
Klaren lächelt leise
eine Stirn

Canción en octubre

para H. B.

Todas las blancorrizadas
nubes se mecen elásticas
hacia la pradera, pequeño
narciso de otoño clarea
perfumando suavemente
el día : en algún lugar del despejado
azul sonríe silenciosamente
una frente

vorwinterliche Vision

für H. B.

aus wolkigen Fächern
knistern elfenbeinfarbene
Schuppen reigen dich ein
tief über Braue und Blick
bis dein Angesicht weht
wie ein stiller silberner Stern

visión previa al invierno

para H. B.

desde abanicos nebulosos
crepitan escamas
marfileñas te endanzan
profundamente sobre cejas y mirada
hasta que tu rostro ondea
como una silenciosa estrella plateada

Kircheninneres

Duftgewölbe :
Gladiolen und Mimosen
und ein Opferstock;
auf den Schultern der Madonna
keimt das bernsteingelbe Licht :
und der Raum lebt grün in Palmen.

Interior de iglesia

bóveda perfumada :
gladiolos y mimosas
y un cepillo;
sobre los hombros de la virgen
germina la luz amarilla ambarina :
y el espacio vive verde en ramos.

Kühles Minnelied

an H. B.

Mehr als bescherter Engel
in den sanften Übergängen
der Trauer : Blume dröhnend
wie der aufsingende Himmel
wenn er beinahe rührt
an die hohen Gezweige die in
die Landschaft stehn wie
dunkle schmiedeeiserne Tore :
und Licht immer wieder entfachtes
in allen gotischen Kapellen
wo die Orgeln wie goldene
Nachtfalter hängen über
verwaister Brüstung - so inniges
Licht dasz die düstersten Bilder
mählich daran sich erhellen :
und Welle warme lächelnde Welle
im müden Mond meiner Stirn ..

Fría canción cortesana

para H. B.

Ángel más que agasajado
en las suaves transiciones
del dolor : flor resonante
como el cielo que canta hacia lo alto
cuando casi toca
las altas ramas
que se yerguen en el paisaje como
oscuros portones de hierro forjado :
y luz inflamándose
en todas las capillas góticas
donde los órganos como polillas
doradas cuelgan sobre
el pretil abandonado – tan íntima
luz que las lóbregas pinturas
poco a poco se aclaran :
y ola cálida sonriente ola
en la luna cansada de mi frente ..

Kindersommer

Erträumter einsamer blauer Engel
in meinem Herzen läutet ein heller Regen
in meinen Händen blühen die Glockenblumen
Salbeiblüten wehen mich an
die Perlenkette der Tränen gleitet
an den liegenden Schläfen nieder
immer ist Nachmittag
immer bin ich über einer Brücke von Staub
mein Birnbaum wirft Scherben ab
leise flötet der Schatten
mein Fusz ist warm und nackt an der Erde
drüben im dunklen Bereich der Schaukel
geigt die Angst
die Stuben sind dumpf und vertraut
über den feuchten Schwellen
blühen Schwertlilien auf
Abend lila und leicht
Abend durch vergessene Fenster
Abend
ich musz mein heiszes hüstelndes Kranksein
in hohen Kissen verbergen
Nacht
ich lasse Akazienblätter treiben
ich liebe den Wind
die rauschenden runden Weiden führen irgendwohin
eine Mohnblume wartet auf mich

Verano de infancia

Solitario anhelado ángel azul
en mi corazón tintinea una lluvia clara
florecen en mis manos las campanillas
flores de salvia soplan sobre mí
el collar perlado de lágrimas se desliza
por las sienes yacentes
siempre es por la tarde
siempre estoy sobre un puente de polvo
mi peral se hace añicos
suavemente flautea la sombra
mi pie descansa caliente y desnudo sobre la tierra
frente a mí, en la zona oscura del columpio
violinea el miedo
las habitaciones, familiares, están envejecidas
sobre los húmedos umbrales
florecen los lirios
atardecer ligero y lila
atardecer a través de la ventana olvidada
atardecer
debo ocultar mi ardiente y carraspeante
enfermedad entre los altos cojines
noche
dejo arrastrase a las hojas de acacia
adoro el viento
los sauces sinuosos y susurrantes conducen a algún lugar
una amapola me espera

WIRD WELKEN WIE GRAS · AUCH MEINE HAND UND DIE PUPILLE
wird welken wie Gras · mein Fusz und mein Haar mein stillstes Wort
wird welken wie Gras · dein Mund dein Mund
wird welken wie Gras · dein Schauen in mich
wird welken wie Gras · meine Wange meine Wange und die kleine Blume
die du dort weiszt wird welken wie Gras
wird welken wie Gras · dein Mund dein purpurfarbener Mund
wird welken wie Gras · aber die Nacht aber der Nebel aber die Fülle
wird welken wie Gras wird welken wie Gras

SE SECARÁ COMO LA HIERBA · TAMBIÉN MI MANO Y LA PUPILA
se secará como la hierba · mi pie y mi cabello mi palabra más callada
se secará como la hierba · tu boca tu boca
se secará como la hierba · tu mirada en mí
se secará como la hierba · mi mejilla mi mejilla y la florecilla que sabes que está allí se secará como la hierba
se secará como la hierba · tu boca tu boca de púrpura
se secará como la hierba · pero la noche pero la niebla pero la plenitud
se secará como la hierba se secará como la hierba

Blättere den Wald

o weisze Libelle
säge mit deinen Frühlingsaugen
grün aus grün

Hojea el bosque

oh blanca libélula
sierra con tus ojos primaverales
verde del verde

MANCHMAL BEI IRGENDWELCHEN ZUFÄLLIGEN BEWEGUNGEN
streift meine Hand deine Hand deinen Handrücken
oder mein Körper der in Kleidern steckt lehnt fast ohne es zu wissen
einen Augenblick gegen deinen Körper in Kleidern
diese kleinsten beinahe pflanzlichen Bewegungen
sein abgewinkelter Blick und dein Auge absichtlich ins Leere wandernd
deine im Ansatz noch unterbrochene Frage wohin fährst du im Sommer
was liest du gerade
gehen mir mitten durchs Herz
und durch die Kehle hindurch wie ein süszes Messer
und ich trockne aus wie ein Brunnen in einem heiszen Sommer

A VECES CON CUALQUIER MOVIMIENTO CASUAL
mi mano toca tu mano tu dorso de la mano
o mi cuerpo dentro del vestido se inclina casi sin saberlo
un instante sobre tu cuerpo vestido
estos mínimos movimientos casi vegetales
su mirada flexionada y tu ojo deliberadamente errante en el vacío
tu pregunta interrumpida al comienzo dónde irás este verano
qué estás leyendo
me atraviesan el corazón
me atraviesan la garganta como un dulce cuchillo
y me quedo seca como una fuente en un tórrido verano

BÜSCHELWEISE WEISZES GRAS IM SCHOPF DER ERDE
und die weithin verzweigten Farne riesiger Rispen in die Haut graviert
Moospölsterschen meine Brüste zerbröckelnd in deinen zärtlichen Händen
alternder Borke Geäst mit den Blättern im Himmel
o Vöglein in meiner Blätter-Hand
ich möchte auch so luftleicht und bunt sein wie du
Träume haben wie du von fransenhaarigen braunen Mädchen mit
[Nebelschatten über der Stirn
kleines buntes Vöglein
ich möchte dasz du dich einnistest in meinem Blätterdach
bis zum nächsten Frühling
dann zieh hin zu deinen April-Schwestern und Fransenmädchen
und ich werde dir mit allen verjüngten Blättern winken und winken
aber jetzt mitten im Januar verlasz mich nicht wieder
eben erst hast du dich verirrt in mein Laub
in mein Winterlaub eines Nachts als kein Mond schien
und du müdegeflogen kamst

HIERBA BLANCA A MECHONES EN LA CABELLERA DE LA TIERRA
y los helechos ampliamente ramificados de panojas enormes grabados
[en la piel
musgo almohadillado mis pechos despedazándose en tus tiernas manos
Ramas de corteza envejecida con las hojas en el cielo
oh pajarillo en mi mano-foliada
quisiera también ser tan airosa y colorida como tú
soñar como tú con muchachas morenas de melenas despuntadas
[de sombras de niebla sobre la frente
pequeño pajarillo de colores
quisiera que anidases en mi tejado foliado
hasta la próxima primavera
ve entonces con tus hermanas de abril y las muchachas despuntadas
y te saludaré y saludaré con todas las hojas rejuvenecidas
pero ahora a mitad de enero no vuelvas a dejarme
acabas de perderte en mi follaje
en mi follaje invernal una noche sin luna
y llegaste cansado de volar.

DIE MARMORNE DIE STEINKÜHLE DIE VORFRÜHLINGSGRAUE ZAUBEREI
die ahnungsvolle flügelschlagende Zauberei hat mich endlich berührt.
Ich erkenne dasz ich nichts mehr vermag gegen sie
als mich ihr hinzugeben mit sinkenden Armen berstenden Lidern
mit vergeblichen Zauberformeln die niemand aufgeschrieben hat.
Du hast mich so mächtig verzaubert dasz ich nun nicht mehr weisz
was ich dir für einen Namen geben soll
ob ich dich rufen darf
ob ich dir mein Lächeln nachsenden soll wie einen Brief
über die Hügel der Stadt
über den nächtlichen Strausz der Sterne
durch den Blasebalg des Winds.
Du hast mich ins Fröhliche verwandelt und strahlend gemacht
und ich erkenne dasz die schöne Erde bespannt ist mit deiner Haut
und dein Mund ist ein römischer Brunnen-Mund
und ich kann meine Hand in seine flieszenden Segnungen legen
und dein Auge von dem ich nie weisz welche Farbe es hat
(ist es honiggelb oder blau wie Nächte im Frühling?)
ist ein Bullauge geworden in einem weiszen Schiff
ein Bullauge grosz und bekränzt mit Meer-Rosen
und mit diesem weiszen Schiff fahren wir weit ..

LA MAGIA MARMÓREA FRÍA Y GRIS DE PRIMAVERA TEMPRANA
la magia aleteante colmada de presentimiento me conmovió al fin.
Reconozco que ya no puedo hacer nada en su contra
sólo entregarme con brazos caídos párpados reventados
con vanos conjuros que nadie escribió.
Me embrujaste tan poderosamente que ya no sé
qué nombre debo darte
si puedo llamarte
si puedo enviarte mi sonrisa como una carta
sobre las colinas de la ciudad
sobre el ramillete nocturno de las estrellas
a través del fuelle de los vientos.
Me convertiste en felicidad y me hiciste radiante
y me doy cuenta de que la bella tierra está revestida con tu piel
y tu boca es una boca-fuente romana
y puedo reposar mi mano en sus bendiciones que manan
y tu ojo que nunca sé de qué color es
(¿es amarillo miel o azul como noches de primavera?)
se transformó en un ojo de buey de una blanca nave
un ojo de buey grande y coronado con rosas de mar
y en esta nave blanca partimos lejos ..

Der Aufruf

Mein Leben :
ein Guckkasten mit kleinen Landschaften
gemächlichen Menschen
vorüberziehenden Tieren
wohlbekannten wiederkehrenden Szenerien

plötzlich aufgerufen bei meinem Namen
steh ich nicht länger im windstillen Panorama
mit den bunten schimmernden Bildern

sondern drehe mich wie ein schrecklich glühendes Rad
einen steilen Abhang hinunter
aller Tabus und Träume von gestern entledigt
auf ein fremdes bewegtes Ziel gesetzt :

ohne Wahl
aber mit ungeduldigem Herzen

La llamada

Mi vida :
un tutilimundi de pequeños paisajes
gente tranquila
animales que pasan
escenarios conocidos y recurrentes

de pronto escucho mi nombre
ya no estoy en el panorama sin viento
de resplandecientes imágenes multicolor

ruedo como un espantoso disco en llamas
por una empinada pendiente
libre de los sueños y tabús de ayer
dirigiéndose a una desconocida meta en movimiento :

sin elección
pero con un corazón impaciente

ein Fremdling ein Mohrenkopf

in den Alleebäumen hockend so schien es in der Perspektive
vom hochgelegenen Fenster aus
in den Alleebäumen hockend, die waren entlaubt
nicht in einem bestimmten Alleebaum so schien es gegen den nahenden Winter
gegen den bleigrauen Himmel so schien es aufgefahren in den Himmel
an der Oberleitung der Strasze so schien es
in den Alleebäumen hockend so schien es, die waren entlaubt
gestern bei regnerischem Himmel etwas sperrt sich in mir
mit dem nahenden Winter etwas sperrt sich in mir
ich sehe Octavia wie sie schlaftrunken durch den Garten geht
ich sehe den See wie er dunkelblau zwischen den Baumstämmen glänzt
ich höre Octavia wie sie ruft ihr hättet mich wecken sollen früher wecken sollen
ich sehe den Rosenstock wie er strohverpackt auf der Terrasse steht
gegen den nahenden Winter so scheint es
bei regnerischem Himmel das Krematorium gesehen daran vorübergefahren
Turm mit Zinnenrand hochragend aus der Ebene der Schrebergärten
schwarze Rauchschwaden aus seiner Mitte etwas sperrt sich in mir so scheint es
mit dem nahenden Winter so scheint es, aufgefahren in den Himmel
etwas sperrt sich in mir über die Brücke gegangen
aus schwarzen Blumen sah sie mich an etwas sperrt sich in mir
die Finger aus ihrer Verankerung gerissen
die Wetterschenkel verrenkt
gegen den nahenden Winter, die endlichen Menschen
das Ausbleiben des Frühlings so scheint es
Vorfrühling auf der Bergstrasze abwärts ein paar Schritte gelaufen
Erhitztsein im Rücken bergab ein paar Schritte gelaufen
Wendung der Strasze bergab ein paar Schritte gelaufen
und der plötzliche Blick auf die tiefe Mulde der Stadt
und im Rücken eine fröstelnde Welle aus Frühling und Bergwind so scheint es
im noch nicht grünen Gras vereinzelt die ersten Leberblümchen
ein Erhitztsein im Rücken ein gesprächiges Elternpaar
ein Ausbleiben des Frühlings so scheint es, eine Belauschszene
ich wuszte nicht recht was ich sollte
im Rücken so schien es, die endlichen Menschen
in den Alleebäumen hockend so schien es
in den Alleebäumen hockend, die waren entlaubt
gegen den nahenden Winter so schien es.

un forastero una cabeza morisca

agazapados en los árboles de la avenida así parecía desde la perspectiva
de la ventana en lo alto
agazapados en los árboles de la avenida, estaban deshojados
no en un árbol concreto de la avenida así parecía ante el invierno próximo
ante el cielo plomizo así parecía alzarse al cielo
en el cableado de la calle así parecía
agazapados en los árboles de la avenida así parecía, estaban deshojados
ayer bajo el cielo lluvioso algo se bloquea en mí
ante el invierno próximo algo se bloquea en mí
veo a Octavia que camina adormilada por el jardín
veo el lago que brilla azuloscuro entre los troncos de los árboles
oigo a Octavia que exclama deberíais haberme despertado antes
veo el rosal envuelto en paja en la terraza
ante el invierno próximo así parece
la visión del crematorio bajo el cielo lluvioso al pasar de largo
torre almenada que sobresale de la llanura de los huertos
negras columnas de humo desde su centro algo se bloquea en mí así parece
con el invierno próximo así parece, alzándose al cielo
algo se bloquea en mí cruzando el puente
desde flores negras ella me miró algo se bloquea en mí
los dedos arrancados de sus amarras
los vierteaguas torcidos
ante el invierno próximo, los humanos finitos
la ausencia de la primavera así parece
primavera temprana en el camino de la montaña unos pasos en descenso
calentamiento en la espalda unos pasos cuesta abajo
giro de la calle unos pasos cuesta abajo
y la vista súbita de la profunda hondonada de la ciudad
y a la espalda una ola helada de primavera y viento de montaña así parece
en hierba que aún no alcanza su verdor se esparcen las primeras hepáticas
un calentamiento en la espalda una pareja de padres habladores
la ausencia de primavera así parece, una escena espiada
no sabía con certeza qué debía hacer
en la espalda así parecía, los humanos finitos
agazapados en los árboles de la avenida así parecía
agazapados en los árboles de la avenida, deshojados
ante el invierno próximo así parecía

das Jahr Schnee

im domestizierten
Wahn
von Tränke zu Tränke getrieben /
noch ehe sie Geliebte wurden
mit Buchstaben von Feuer frei gesprochen :
hielt er sie sich ab : *spieszte endgültig auf*
ihre Qual / Klischee-
bilder (»süsz ausgefratzt« / trällernder
Margaretenhof!)

nämlich mit rollenden Tränen weh / des Winds
nämlich mit wehenden Haaren weh / des Winds
und in wilden Strähnen die Lippe verdunkelt –
und während er sie
durchdrang

(und sei doch mannigfach ihm nur ein Schatten / wankend und fromm
nach ihm)
das Nachgehen das Nachwandern das Ausmalen von
Feuer und Wasser –

(»ach! wie zwitschernd die Stimme! und
Märzluft! Rehgärtchen!
Tannenschatz! «)

ihre Schneekleidung (»wintergrün?«)
ihre Eigenschaft / leicht
zu bündeln aus seinen heiteren
Augen / Textseide lichte Uranus-Schrift Alpen-
Stollwerk zur Nacht

nämlich er könne so
schrecklichere Eskapaden
springen / ehemals knirschenden
Übereinkünften neu
begegnen
(überraschte Wohnblicke

jener Betroffenheit und dürfe sie dennoch
hoffen?)

el año nieve

en locura
domesticada
llevado de abrevadero en abrevadero /
absuelto con letras de fuego
incluso antes de que fueran amantes:
la mantuvo alejada : clavada definitivamente en
su tormento / imágenes-
cliché («deliciosamente desgastado» / ¡Margaretenhof
cantarín!)

es decir con lágrimas rodantes ay / del viento
es decir con cabello ondeante ay / del viento
y en mechones salvajes oscurecido el labio –
y mientras él
la traspasó

(y, sin embargo, de diversos modos solo una sombra para él / vacilante y devota
tras él)
rastreando persiguiendo coloreando de
fuego y agua –

(«¡ay!, ¡cómo trina la voz! ¡y
aire de marzo! ¡jardincillo de ciervos!
¡caudal de abetos!)

su vestido de nieve («¿verde invernal?»)
su *característica* / fácil
de amarrar desde sus ojos
alegres / seda textual luminosa tipografía Uranus chocolate
Alpen para la noche)

así él podría
saltar escapadas
aún más horribles / enfrentar
nuevamente acuerdos
irritantes
(miradas vecinales sorprendidas

de aquella conmoción y, sin embargo, ¿debería ella
tener esperanza?)

(dieses Reh / *eigentlich sei es ein Gleichnis gewesen*
es habe weil es krank lag Berührungen nicht gewehrt
aber in seinen Augen der tiefe Glanz
schien ein strenges Gebot verkünden zu wollen :

die Versagung von Nähe / solcher Zärtlichkeit).

(*este ciervo* / en realidad fue una parábola
no se resistió al contacto porque yacía enfermo
pero el brillo profundo en sus ojos
parecía querer proclamar un estricto mandamiento :

la negación de la proximidad / de tal ternura)

Dreizeiler am 21.2.1978

es sprieszen immerfort die sanften
Toten aus Blume Baum Gebüsch und Wald / bald
meinen Schatten wirft ein Fliederbaum

Terceto del 21 de febrero de 1978

sin fin los apacibles muertos
brotan de flores bosques árboles y arbustos / pronto
un árbol de lilas proyectará mi sombra

Meeres Welt

gegen Morgen
ein ungeduldiges atemloses
gerafftes
Träumen :
das Verlangen
nach raschem Erwachen
kurzem Aufstehen
sofortigem Weiterschlafen –
ohne die Lampe anknipsen zu müssen

(unter Wasser die Quelle /
unter die Decke)

am mondbeschienenen
Fenster die blassen
gefrorenen Rosen

Mundo marino

en torno a la mañana
un impaciente jadeante
replegado
sueño :
el deseo
tras un brusco despertar
y un breve levantarse
de volver a dormir enseguida –
sin tener que encender la lámpara

(bajo agua la fuente /
bajo la manta)

en la ventana
iluminadadeluna las pálidas
rosas heladas

Augenfalle (trompe-l'oeil)

bei aufgerolltem Himmel
Augenbraue an Augenbraue
das Silber der Reise
unbekümmert elliptisch :

auf der Tischplatte
ein schwarzer Stecknadelkopf
behält mich im Auge –
hangabwärts gestreckt
ein riesiges braunes Fohlen
liegt
mit aufgesperrten Nüstern im Schlaf –
die geflügelte Welt mit Vogelkrallen
und bloszem Herzen –

ach in diesem ärmlichen
Umgang das niedere Tier

Trampantojo (trompe-l' oeil)

con el cielo enrollado
ceja en ceja
la plata del viaje
despreocupadamente elíptica :

sobre el tablero de la mesa
una cabeza de alfiler negra
me vigila -
estirado en la pendiente
un enorme potro marrón
tumbado
con los ollares dilatados durante el sueño -
el mundo alado con garras de pájaro
y el corazón desnudo -

ay en esta miserable
compañía el invertebrado

die Schlachtbärin

beim musikalischen
Tee ich sasz gegen die schräg einfallende
Wintersonne die heftig wärmte
hob schirmend die Hand
stülpte die dunkle Brille über
meinem Gegenüber ungehindert ins Auge blicken zu können
an diesem Januarnachmittag sie bohrte sich mir ins Auge ins Herz
schien sich nicht fortzubewegen
oder je unterzugehen
rückte vielmehr unablässig
näher und tiefer
ich vergosz Schweisz
die Haare klebten an Stirn und Schläfe
wahllos die Töne
im Wortgebrauch –
es blendete auch die Gedanken, so
war ich schon
verstört wie besiegt, *vor mir*
der Tee in der Tasse längst kalt

für Peter Horst Neumann

la inmolable

a la hora del té musical
me senté frente al sol de invierno que descendía
oblicuo calentando intensamente
me protejí con la mano
me puse las gafas de sol
para poder mirar a mi oponente a los ojos con libertad
en aquella
tarde de enero me taladraba los ojos el corazón
parecía no desplazarse
o descender
sino presionar incesante
acercándose y penetrando
rompí a sudar
el pelo pegándose a la frente y las sienes
sonidos confusos
en el uso de la palabra –
también cegaba los pensamientos, así
estaba ya
confusa como derrotada, frente a mí,
frío desde hace tiempo, el té en la taza.

para Peter Horst Neumann

Menschenalter

aus dem Schlaf
plötzlich um fünf
gepeinigt von Selbst-
vorwürfen
und Angst
es sei beinah schon zu spät
meine alte Mutter
über Indizien meiner
Frühzeit auszufragen –
letzte Zeugin
einer mir dunkel gebliebenen
Vorgeschichte

Tiempo de vida

del sueño
a las cinco de pronto
atormentada por auto-
reproches y miedo
por ser casi demasiado tarde
para pedirle
a mi anciana madre
indicios de mi infancia temprana –
última testigo
de unos antecedentes en penumbra
para mí

Depression

meine Mutter
erzählt mir sie habe
beim Einkaufen eine Freundin
aus der Schulzeit getroffen
diese, vierundsiebzig wie sie selbst,
habe, auf die Frage wie es ihr gehe, gerufen :
am Morgen die Decke
über den Kopf gestülpt nichts hören nichts sehen!

Depresión

mi madre
me cuenta que
haciendo la compra se encontró
con una amiga del colegio
esta, de setenta y cuatro años, como ella,
al preguntarle cómo le iba, exclamó :
¡por la mañana la manta
sobre la cabeza y no ver nada ni escuchar nada!

Tierpark im Waschsalon

die Kakadus :
gelbrote Badetücher
sträuben
die Federn
hinter dem Bullauge
der Trockenmaschine /
weisze
Exotenbäuche :
Nasentüchlein
schwärmen im Wellen-
gekräusel der Vorwaschtrommel /
aus dem Gestänge der Volieren :
der Plättmaschinen
dringen
zischende fauchende gurrende
Vogellaute –

auf weiszen Plastikstühlen
unter Tapetenpalmen
Zeitschriften blätternd
ins Leere blickend
langweilen sich
die Besucher

Zoológico en la lavandería

las cacatúas :
toallas de baño rojoamarillas
erizan
las plumas
tras el ojo de buey
de la secadora /
blancos
vientres exóticos :
pañuelitos para la nariz
revolotean en las ensortijadas
olas del tambor de prelavado /
por los barrotes del aviario :
de la máquina de planchado
escapan
siseos, arrullos y zureos
de pájaros –

en sillas de plástico blanco
bajo las palmeras del papel pintado
hojeando revistas
mirando al vacío
se aburren
los visitantes

Trafikantin

knapp nach sechs
in kalter Frühe
ging ich an ihrem Laden vorüber
aufrecht stand sie
streng
ohne Bewegung
blickte mich durch
die Glastür an
im Hintergrund
der trübe
Spiegel zeigte
kein Bild

Estanquera

poco después de las seis
en la fría madrugada
pasé por delante de su tienda
se mantenía erguida
severa
inmóvil
me miró a través
de la puerta de cristal
al fondo
el espejo mortecino no mostraba
reflejo alguno

höllischer Februar

die kleine
Ameise ist nicht da, rufst
du, die mich sonst immer weckt,
schlafen ist kleines sterben, ich sah
ein hüpfendes braunes
Blatt vom vergangenen Jahr
über dem Pflaster, die
alte schiefgewachsene Frau im grünen
knöchellangen Hubertus-
mantel hielt einen riesigen grünen
Blumenkohl im Arm
sorgsam wie ..
Kindes Kopf

die Katze im Fenster blickte
mir nach

febrero infernal

la pequeña
hormiga no está, exclamas,
la que siempre suele despertarme,
dormir es morir un poco, miré
una hoja marrón
del año pasado saltarina
sobre la acera,
la vieja mujer crecidaencorvada con un
abrigo Hubertus verde hasta el tobillo
sostenía una enorme coliflor
verde entre los brazos
cuidadosamente como ..
                                        la cabeza de un niño

en la ventana el gato me seguía
con la mirada

wesentliche Verwandlung, oder die Tollkirschen vom vergangenen Sommer

sommers
in der Parkplatznische
der schmalen Strasze
zeigtest du auf zwei
Tollkirschengebüsche
inmitten der Stadt
zwischen den Häusern
ein Unkrautgarten –
du hast sie mehrmals
photographiert, mir
eines der Bilder gegeben

jetzt
Ende Februar, die Bäume
beladen vom nächtlichen
Schneefall, gibt es keine
Gebüsche, keinen
Tollkirschenwuchs –
eine wäszrige grosze
Flocke landet auf meinem
Notizblatt und läszt
das eben nieder-
geschriebene Wort
TRÄNENSPUR
bläulich zerflieszen

vom Giebel
eines der letzten schönen alten
Häuser dieses Bezirks
hält eine Krähe
kopfwendend
Ausschau und schreit –
der Himmel düster wie
meine Stimmung, rasch
sinkt die Dämmerung herein

für Liesl Ujvary

trasformación esencial, o
las belladonas del verano pasado

verano
en el hueco del aparcamiento
del callejón
tú señalaste dos
matorrales de belladona
en medio de la ciudad
entre las casas
un jardín de mala hierba –
tomaste varias
fotos, me diste
una

ahora
a finales de febrero, los árboles
cargados por la nevada
nocturna, no hay
matorrales, ni
arbustos de belladona –
un gran copo
acuoso aterriza sobre mi
hoja de notas y
las palabras recién
anotadas
RASTRO DE LÁGRIMAS
se diluyen azules

desde el hastial
de una de las últimas bellas
casonas de este distrito
una corneja voltea
la cabeza, con mirada
vigilante y chilla –
el cielo sombrío
como mi ánimo, se hunde
rápido el crepúsculo

para Liesl Ujvary

Frühlings Hauch

guten Morgen, ein
schöner Tag, die
Zeit wieder viel zu kurz –
dein Atem
am zeitigen Morgen im Telephon
: die blaue
Sonne ein einziger Veilchentuff!

Aliento de primavera

buenos días, un
hermoso día, el tiempo
de nuevo demasiado breve –
tu respiración
en la madrugada al teléfono
: ¡el sol
azul como un ramo de violetas!

für G. H.

eines Habichts
Kopf in der Bahn
beugt sich nieder
und redet zu mir
ich suche in seinem
Gesicht nach gemeinsamen
frühen Flügen

para G. H.

la cabeza
de un azor en la vía
se inclina
y me habla
busco en su
rostro antiguos vuelos
compartidos

überfiebert

in der Tapisserie
der lila Mann weiszt du
der sich den Kopf
hält –
dann habe ich stunden-
lang geschlafen bis
Sonnenuntergang ..
Mimosen-
haut der vervielfachte
Mond grasend
hinter gebüschelten
Wolken, haltlose
Zeit

sobrefebril

en el tapiz
el hombre púrpura, sabes,
el que se sostiene
la cabeza –
después dormí durante
horas hasta
el ocaso ..
piel
de mimosa de la multiplicada
luna que pasta
tras nubes
amanojadas, tiempos
de inconsistencia

Segantini

mir klingen
die Ohren, es ist
kaum mehr Schmerz
dich nicht zu sehen
ich sah
einen toten Schwan
im Wasser
am Ufer

Segantini

me zumban
los oídos, ya
casi no me duele
no verte
vi
un cisne muerto
en el agua
                        en la orilla

Verlust und Nähe

ich weisz nicht
warum aber plötzlich
zwischen Lastenstrasze und Ring
überfiel es mich wieder :
ich wollte
dir noch einmal begegnen –
jemand
der mir entgegenkam sah
dir ähnlich, ich suchte nach
weiteren Zeichen, die weisze und blaue
Daune, die scharfen
Kringel im Eis, in einer Fotokabine
blitzte es auf, der Mond
wurde blasser, rückte
in den Zenit, die
Dohlen kreuzten und schrien, es roch
nach gebratenen Äpfeln, etwas
federte in meinem Kopf, die
Augen brannten, im hellen
Winkel der Mauerkrone
deine mit Efeu umwachsenen
Glieder, deine nach oben gestreckte
geschwärzte Hand ..

für mein Vater

Pérdida y cercanía

no sé
por qué pero de pronto
entre la Lastenstrasse y el Ring
me asaltó de nuevo la idea :
quisiera
volver a verte –
me crucé
con alguien que se
te parecía, busqué
otros signos, el plumón blanco
y azul, la afilada
espiral en el hielo, un fotomatón
centelleó, la luna
se tornó pálida, se
acercó a su cenit, las
grajillas se cruzaban y chillaban, olía
a manzanas asadas, algo
saltó como un resorte en mi cabeza, los
ojos ardían, en el ángulo
claro de la albardilla
tus miembros cubiertos
de hiedra, tu mano ennegrecida
tendida hacia lo alto ..

para mi padre

Papierlandschaft

eine weisze
Sonne und einen weiszen
Halbmond stanzt
mir die rote
Lochmaschine heraus –
die Horizontlinie
ist rasch gezogen :

eine schöne
Natur!

für Mia Williams

Paisaje de papel

un sol
blanco y una media luna
blanca troquela
para mí la perforadora
roja –
la línea del horizonte
se trazó rápidamente :

¡una hermosa
naturaleza!

para Mia Williams

Newtonringe

so
porenhaft der Schellen-
baum die Pollution /
das Federbett / -barett
ist überschwemmt
von deinem Traum
du hast mit mir auf der Treppe geschlafen /
Blendung Verblendung, am
Zungengrund
sich umarmen sich trennen
was hast du gerade gedacht?
vom Ende zum Anfang –
eine zersprungene
Ofenlamelle / Gabelsberger
Notiz? Steine
gesammelt und weggeworfen /
Jagdhund und Terminal
Mexico City es ballerte
dann von der Zimmerdecke auf uns herab
Grübchen /
Fuszkraft, so
schelmisch / Leporello
des Baums .. singender Brauen-
vogel Schamanenlied / die
perlmuttfarbene Frühe im Fenster

Anillos de Newton

tan
poroso las casca-
belas la polución /
el edredón de / la boina con / plumas
está inundado
de tu sueño
has dormido conmigo en la escalera /
cegamiento deslumbramiento
abrazarse separarse en la
base de la lengua
¿en qué estabas pensando?
desde el final hasta el comienzo –
una rejilla de estufa
hecha añicos / ¿una nota
taquigrafiada? Piedras
recogidas y arrojadas /
perro de caza y terminal
ciudad de México entonces nos dispararon
desde el techo de la habitación
hoyuelo /
poder podal, tan
pícaro / leporello
del árbol .. pájaro de cejas
cantando canción del chamán / el
amanecer nacarado en la ventana

Dove ..

diese Photographie
die dich mit weit
aufgerissenen Augen
ab bildet / bei Nacht
hilflos mit nackten
Schultern und ohne
Brille im grellen
Licht –

Dove ..

esta fotografía
que te retrata
con los ojos abiertos de par
en par / por la noche
indefensa con los hombros
desnudos y sin
gafas en el destello
de luz –

ohne Wachs

als wäre alles
verloren vertan
der Blick ins Feuer
der Blick in den Himmel
diese Nacht dieser
Morgen deine zerhackte
Stimme am Telephon, komm
zurück komm zurück, möchte
ich rufen aber mit Kletten
bewirfst du mich : nicht
ins Haar! wie als Kind
ich habe Angst ..
kleine Hand-
arbeit Stickerei /
ach dein Blick trägt
mich nicht mehr ..

sin cera

como si todo estuviera
malgastado malogrado
la mirada en el fuego
la mirada en el cielo
esta noche esta
mañana tu voz
rota al teléfono, vuelve
vuelve, quisiera
gritar pero me asaetas
con bardanas: ¡en el pelo
no! tengo miedo ..
como cuando era niña
pequeño bordado hecho
a mano /
ay, ya no
estoy en tu mirada

Palmen-Waage

Kopfes
Gebraus gleich-
mütige Warte-
stimmung etwas
Unscheinbares
fiedert gegen
die Scheiben –

aber jetzt aber
jetzt die Um-
kehrung veilchen-
schwarz, und Schmerz
im Trag-
himmel
der gewölbten
Luft –

Báscula de palmeras

zumbido
de cabeza im-
pasible atmósfera
de espera algo
imperceptible
se transforma frente a
las ventanas ..

pero ahora pero
ahora la in-
versión negro-
avioletado, y dolor
en el balda-
quino
del aire
arqueado –

Im Traghimmel, schmachten und warten

aber jetzt aber
jetzt der Sonne
Gesicht, ein tappender
Fusz an der Treppe, der
suchende Blick des
Fremden auf meinem
Gesicht –
von der Strasze von gegen-
über der Blick zum eigenen
Fenster empor: ver-
schlossen mit vor-
gezogenen Gardinen –
aber jetzt aber
jetzt er dreht sich
am Tor um den Absatz, wiegt
leise den Kopf und die
Schulter, die Ferse
blutet, ruft er, wie rauh!
im Schlaf, der Frühling mit
geöffneten Adern / und
süszer Flötenton, er wirft
seinen Samen, die schroffen
Flüsse im Osten sein Stab ..
an seinen
Stab gelehnt die verjüngte
Sonne, ihm zugewandt das blaszrosa An-
gesicht, die licht-
grün gefiederten
Äste, aber jetzt aber
jetzt du hast mich
vergessen, dieses
Kalenderblatt klaffend / oder als
Violine

en el baldaquino, languidecer y esperar

pero ahora pero
ahora el rostro
del sol, un pie
tanteando en la escalera, la
mirada escrutadora del
extraño en mi
rostro –
desde la acera de en-
frente la mirada hacia la propia
ventana en lo alto: clau-
surada con cor-
tinas echadas –
pero ahora pero
ahora él da media vuelta
en la puerta, mece
leventemente la cabeza y el
hombro, el talón
sangra, exclama, ¡qué rudo!
en el sueño, la primavera con
venas abiertas / y
dulce sonido de flauta, arroja
sus semillas, los ríos
escarpados al Este su tirso ..
apoyado en su
tirso el sol
rejuvenecido, su pálido ros-
tro rosado vuelto hacia ella, las ramas emplu-
madas verde agua, pero ahora pero
ahora me has
olvidado, esta
hoja de calendario abierta / o como
violín

mit hinreiszender Assonanz

der Blütenzweig
der heiligen
Barbara steht abgeblüht
im Glas

so porenhaft, die eigne
Haut hebt ab

in Lauben Brücken strahlen
barfusz hinweg

arm dann
alles, das Elentier ..

con asonancia deslumbrante

la rama en flor
de santa
bárbara se ha desflorado
en el jarrón

tan porosa, la propia
piel se levanta

en cenadores irradian puentes
descalzos a lo lejos

pobre entonces
todo, el alce ..

Abweichungen

die Mimosen vielleicht
die Mimosen etwas
drückt gegen die gelben
Schläfen die dröhnenden
Tupfen in meinem
Kopf –
solch warmweiches
Wetter die
Trauer-Knospe
matter längsseidiger
Glanz / Kalender-
blatt im
Warten im Sonnenuntergang

die Hände
eisig
unter dem
Baldachin –

Desviaciones

las mimosas tal vez
las mimosas algo
presiona sobre las sienes
amarillas las retumbantes
manchas en mi
cabeza –
un clima tan suavemente
cálido el
brote enlutado
brillo mate
sedoso longitudinal / hoja
de calendario
a la espera
en la puesta de sol

las manos
heladas
bajo el
dosel –

doppelte Szene

Nerven .. kaputt ..
sagte er als ich ihn fragte
welchen Grund ich angeben sollte
dasz er nicht kommen könne

ein Erinnerungsbild
tauchte gleichzeitig auf, er
sitzt im Zimmer und schlägt
zu berstender Platten-
musik den Rhythmus
mit Kopf und Armen, vor-
wärts und rück-
wärts, wie einstmals
auf schwingendem
Schaukelpferd, das
selige Kind

für Ernst Jandl

escena doble

los nervios .. hecho polvo ..
dijo cuando le pregunté
qué motivo debía alegar
para justificar su ausencia

una imagen del recuerdo
surgió inmediatamente, sentado
en la habitación lleva
el ritmo de la música atronadora
del tocadiscos
con brazos y cabeza, hacia
delante y hacia
atrás, como un día hiciera
en el caballito
balancín, *el niño*
bienaventurado

para Ernst Jandl

Brief, mit schwarzem Putzkopf

schläfst,
in einem Graben, im Korn-
feld und Weizenfeld
porenhaft
funkelnd,
die Flammen-
blüte ..

Suppe mit Veilchen,
im Blumen-
stil, und vergisz
nicht beim nächsten Mal
das Werkzeug zum Öffnen des alten
Modistinnenkopfes ..

Carta, con busto negro

duermes,
en una zanja, en el mai-
zal y en el trigal,
porosa
fulgurante,
la enredadera
de fuego ..

Sopa con violetas,
en estilo
floral, y no olvides
la próxima vez
la herramienta para abrir la vieja
cabeza de sombrerera ..

ich gebe dem Ofen zu trinken

im grauen
Fensterausschnitt die Flocken
fallen nicht senkrecht sondern
schweben und kreiseln
ein dunkler
Vogel durchpfeilt
den Reigen

die Himmels-
rute / Jauche, der Buckelkorb vor
der Nebentür wenn
ich die Wohnungstür auf den Korridor öffne
riecht es nach
Hühnerstall, Kälte
tritt ein

doy de beber a la estufa

en el grisáceo
cuadro de la ventana los copos
no caen en vertical sino
que flotan y giran
un pájaro
oscuro asaetea
el corro de la danza

la vara
del cielo / estiércol, el cuévano frente
a la puerta vecina al
abrir la puerta de casa en el pasillo
huele a gallinero, el frío
entra

UNIVERSUM

blanko ein
Woll-
beispiel die un-
verhüllte un-
verbrüchliche
Liebe du zeichnest
ein Aschen-
kreuz an meine
Stirn oft habe
ich dieses Reh-
gefühl in meiner
Wohnung das schwarze
Gesicht

UNIVERSO

en blanco una
muestra de la-
na el des-
cubierto ir-
rompible
amor tú dibujas
una cruz
de ceniza en mi
frente a menudo tengo
este sentimiento cer-
val en mi
apartamento el rostro
negro

Masse des Mondes

es schwirrt
empor und schmilzt
im Baum des Vogels
Lied im frühen
März im kahlen
Auge

masa lunar

pasa silbando
hacia arriba y se funde
en el árbol del pájaro
canto a comienzos
de marzo en el ojo
desnudo

das Ergrauen der Haare

die bräunlichen
Weiden weiche
Lichtträger oben

es schallt
aus brombeerfarbenem
kahlen Gehölz
die Spitze des Berges
braut noch Schnee

der erstarrte See
die entzündeten Berge
Maria Loretto
das unbetretbare
Reich

für Gisela Lindemann

el encanecimiento del cabello

los parduzcos
suaves sauces
portadores de luz en lo alto

resuena
desde la madera desnuda
de color mora
la cima de la montaña
todavía produce nieve

el lago congelado
las montañas en llamas
Maria Loretto
el reino
inexpugnable

para Gisela Lindemann

Kopfkerze

im Oberlicht ein Schläfen-
schatten habe die linke
Braue etwas nach auszen
verlängert der Blick
erbebte im Spiegel

Vela de cabeza

en la claraboya una sombra
de sien alargué la ceja
izquierda un poco hacia
afuera la mirada
tembló en el espejo

durch die Nelken

immer mehr immer
mehr die winkenden
Büsche violette
und gelbe   die gleiszende
Sonne sie ging
auf Knien

für Otto Breicha

entre los claveles

cada vez más cada
vez más los arbustos
saludando violetas
y amarillos   el deslumbrante
sol ella avanzaba
de rodillas

para Otto Breicha

eigenmächtig, knisternd

Meermoos, der klare
Berg verschiedentlich
angefärbt, überfiebert
die Vogel-
schau –
auguri! auguri!
kratzen und
(scheren)
verschnürter
Fisch, aus Blasbalg-
lungen
ein einwärts ziehender
Seufzer –
leib-
frostig Tränen-
und Feigengarten und
Aas

arbitrario, crepitante

musgo marino, la montaña
clara, coloreada de modo
desigual, sobrefebril
orni-
tomancia –
¡auguri! ¡auguri!
rascar y
(esquilar)
pez
encordado, de los pul-
mones fuelleados
un suspiro
hacia dentro –
cuerpo-
helado jardín
de lágrimas e higos y
carroña

nach der Lektüre mehrerer Gedichte
von Jannis Ritsos

jetzt, denke ich, bin
ich endlich so weit
dasz ich sie alle
rufen lasse nach mir
ohne Laut zu geben :
endlich, denke ich, jetzt,
ohne mir Vorwürfe machen
zu müssen, jetzt, denke ich,
endlich, habe ich aufgehört hinter mir
herzulaufen

tras la lectura de algunos poemas
de Jannis Ritsos

ahora, pienso, al
fin he llegado a tal punto
que puedo hacer que todos
me llamen
sin hacerme notar :
al fin, pienso, ahora,
sin tener que hacerme
reproches, ahora, pienso,
al fin, he dejado de correr
tras de mí

Opfer des Frühlings

immer wieder mein
Blick zur Uhr auf
dem Flügel ich zähle
die Viertel-
stunden, Minuten, ich
komme zu Atem zu mir
dieser Raum STILLE
am frühen Tag die canvas-
farbene Sonne, ich
höre unten ein stetes
Rauschen die ferne
Welt manchmal ein zarter
Vogelruf, ein kläffendes
Hündchen, beglückendes
Nest .. ich heize
die Sonne sie wärmt
die Scheiben, das
Feuer flackert, fast
Ende März schon, in
den Straszen die knospenden
Lindenblätter Platanen ..
Sternschnuppen gleich
fallen jetzt Worte, durch-
zucken die bläuliche
Kuppel, das Leid
ein gestorbenes Kind im
Frühling ..

für Nina und Mario Retti

sacrificio de primavera

de nuevo mi
mirada al reloj sobre
el piano de cola cuento
los cuartos de
hora, los minutos,
recupero el aliento la conciencia
este espacio SILENCIO
temprano en la mañana el sol color
de lona, escucho
abajo un murmullo
constante el mundo
lejano a veces una delicada
llamada de pájaro, un perrillo
que ladra, un nido
de felicidad .. enciendo
el sol que templa
los cristales, el
fuego parpadea, es
casi ya final de marzo, en
las calles las nacientes
hojas de tilo plátanos de sombra ..
como estrellas fugaces
caen ahora palabras, atra-
vesando la cúpula
azulada, la pena
un niño muerto en
primavera ..

para Nina y Mario Retti

» .. gibt seine Praxis auf ..«

mein
Arzt vergiszt
zu atmen, er prüft
mein Körpergewicht und
zeigt wie scherzend auf das
Schattenbild auf der Wand : die
Köpfe des Vogelpaars
aus der Balance –
er unterdrückt
einen Augenblick lang das
Schnäbeln der Waage-
balken mit Zeigefinger und Daumen, wir
blicken uns ratlos an –
als ob es noch
Sinn ergäbe schreibt er
auf meine Karteikarte : fünf-
undzwanzigster März ein-
undachtzig ohne Befund

für Doktor Ludwig Erber

« .. abandona su praxis .. »

mi
médico olvida
respirar, comprueba
mi peso y
señala como bromeando
la sombra en la pared: las
cabezas de la pareja de pájaros
desequilibradas -
detiene
durante un instante el
picoteo de la barra
de la báscula con el dedo índice y el pulgar, nos
miramos perplejos -
como si todavía
tuviera sentido escribe
en mi ficha: venti-
cinco de marzo ochenta-
yuno sin diagnostico

para el doctor Ludwig Erber

Zeltleinen

weich mädchen-
haft siehst du
aus ruft er
wie damals auf diesem
Jugend-
bildnis, der Spiegel
zeigt ein kleines
Funkeln in meinen
Augen, wirr strähnt
das Haar um rosa
Wangen der Mund
in seligem Lächeln verzogen –
bin das ich? frage
ich stumm es regnet
auf meine Lider

mein Bett
wie Spinnennetz
verwüstet mein Bett
und lila
Flieder
Gefahr des Verliegens

cuerdas tensoras

aparentas delicada
femini-
dad exclama
como entonces en este
retrato
juvenil, el espejo
muestra una pequeña
chispa en mis
ojos, mechones de cabello
despeinados alrededor de las mejillas
rosadas en la boca
una sonrisa dichosa –
¿esa soy yo? pregunto
en silencio llueve
sobre mis párpados

mi cama
como una tela de araña
devastada mi cama
y lilas
púrpura
peligro de un mal despertar

falsche Bewegung

gestern
beim Auseinander-
gehen haben wir uns
beide Hände
gegeben –
aber nicht die Lippen
zum Kusz –
: eine plotzlich erstarrte
Umarmung?
frage ich mich
ruhelos
und in Tränen /
du blickst
ohne Lächeln
über die Schulter zurück

movimiento en falso

ayer
al separarnos
nos dimos
ambas manos –
pero no los labios
para el beso –
: ¿una repentina rigidez
en el abrazo?
me pregunto
intranquila
y llorando /
tú miras atrás
sin sonreír
por encima del hombro

Pegasus Vorwegnahme einer Zukunft :
Pegasus im Teichoval
(Maisonntag 81)

klirrend
vielleicht
damals in
Salzburg
Januar 82
(Jury –
mitgliedschaft)
im Ohr noch
den eigenen
knirschenden
Tritt
ans fliegende
Pferd, Mirabell
ich erinnere mich

für Heinz F. Schafroth

Anticipación de un futuro: Pegaso en el óvalo del estanque (domingo de mayo del 81)

tintineando
quizás
entonces en
Salzburgo
enero del 82
(miembro del
jurado)
en el oído todavía
el propio
paso
rechinante
junto al caballo
volador, Mirabell
lo recuerdo

para Heinz F. Schafroth

das Bild

ein Finken-
lied hat meiner
Mutter das Herz
zerrisen –
Das scheckige
Bluten die Tränen-
Spur -

ein mit Schnüren umwickelter
Fisch blickt
aus schwarz gewordenen Wunden

Für Erwin Bohatsch

la imagen

el canto
de un pinzón destrozó
el corazón
de mi madre -
el sangrar
rociado la huella
de lágrimas -

un pez cubierto
de ataduras observa
desde las heridas ennegrecidas.

para Erwin Bohatsch

Abendunterhaltung

in welchem besonderen
Zustand ich mich befinde, fragt
der Arzt, wenn ich schreibe –
ich versuche
mich zu besinnen
die Erfahrung
in Worte zu fassen

aber bin wieder als Kind :
stammelnd und unfrei
ein Prüfling wie damals, mit
gesenkter Stirn und
abschwörendem
Lächeln

conversación vespertina

en qué estado particular
me encuentro, pregunta el médico,
cuando escribo –
3intento
concentrarme
verbalizar
la experiencia

pero vuelvo a ser como niña :
balbuceante y dependiente
una colegiala como entonces, con
la cabeza gacha y
una sonrisa
de abjuración

Zypressen

es windet
weisz, der
Vogel
knarrt im
Wald –
umhalsend
zarte Fremdheit wenn
die Knospe
welkt

Cipreses

remolinea
blanco, el
pájaro
cruje en el
bosque –
abrazando
tierna extrañeza al
marchitarse
el brote

für meine Mutter

»wie alt bin ich denn jetzt?«
es fiel ihr nicht ein, erzählt sie, aber
anstelle des Alters die Uhrzeit, halb-
sieben, statt fünfundsiebzig,

und vergisz bitte nicht auf die
Fliegerschokolade, ruft sie,
Wenn du mich wieder besuchst –

a mi madre

«pero, ¿qué edad tengo ahora?»
no podía recordarlo, dice, pero
en lugar de la edad, la hora, seis
y media en vez de setenta y cinco,

y no te olvides por favor del
scho-ka-kola, me dice,
cuando vuelvas de visita –

solide Nadeln

hinter frierenden
Scheiben, als Meteor in der
Geschichte als verflossenes Meer
oder Blumenfleisch, die aufgescheuerten
Blöszen zur Not bedeckend, halb
abgewandt du auf dem Sessel vor mir mit übergeschlagenen
Beinen, hochgezogenen
Schultern Flügelschlag wenn der Vogel
seine Ankerkette
in die wirbelnden Lüfte senkt
oder fliehendes Firmament, fand ich
Echten Erdrauch klebriges Kreuz- oder Geistkraut Ginster
wenn man sich bückt auf zugefrorenem
See unter kahlen
Gebüschen, niedrigen
Zweigen der Bäume hindurchzufahren : weiszblondes
Gestade jenseits, in dunklen
Bögen der Krähenchor, Berg-Enge, kurze
Ansammlung Hitze rufst du die Welt
zu umfangen am Morgen, zu stapfen die erste
Dämmerung, Stockstimme (erstickt), selbdritt Nachtigallen
im Palmensaal, palmus : die Spanne : die Zeit : ist
nicht für uns : ein Nachtschattentag im Fenster vorüberfliegender
Stunden, Brotkügelchen auf dein Tisch den du
verlassen hast das hat
keine Sprache mehr viel
Betrübnis

agujas sólidas

tras los cristales
helados, como meteoro en la
historia como mar disipado
o carne de flor, cubriendo la excoriada
desnudez en caso de necesidad, tú medio
girándote frente a mí en el sillón con las piernas
cruzadas, los hombros
alzados aletazo cuando el pájaro
echa la cadena de su ancla
en los aires agitados
o firmamento huidizo, encontré
auténtica fumaria hierba pegajosa de la cruz o del espíritu retama
al agacharse en el lago
helado bajo desnudos
matorrales, pasando
entre las ramas bajas de los árboles : del otro lado
orilla rubia clara, en arcos
oscuros el coro de cornejas, angostura entre montañas, breve
aglomeración calor pides abrazar
el mundo en la mañana, pisar con firmeza sobre el primer
crepúsculo, voz detenida (sofocada), trío de ruiseñores
en el salón de las palmeras, palmus : el lapso : el tiempo : no es
para nosotros : una noche de solanáceas en la ventana de horas
que se van volando, migas de pan sobre la mesa que has
abandonando para esto
sin lenguaje ya mucha
aflicción

du Vogelmensch läszt dein Gefieder sinken

zusammen alt geworden geht der Atem
leiser, nicht vieler Worte brauchts ein Blick
genügt, ein nahes Lächeln wärmt Blühwangen künstlich, durch
solcher Herzen unratbare Zeit will
Dunkelheit –
kiwitt kiwitt –
wie hingepinselt Lebens Bäume ohne Relief

hombre pájaro pliegas tus alas

envejecidos juntos el aliento se vuelve
más suave, sin muchas palabras una mirada
basta, una sonrisa cercana calienta artificialmente las mejillasenflor,
mediante tales corazones el tiempo indescifrable quiere
la oscuridad –
avefría avefría –
como árboles de la vida pintarrajeados sin relieve

An eine Mohnblume mitten in der Stadt

aus meinen Köpfen sprießt
das Feuerwerk der Tränen, der
Flieder rostet, der Liguster
weht, die Camouflage des
Sommers läßt Gewitter ahnen –
Wolfsmilch besamt die Flur, die
Stare fallen, Mücken
flirren im Dorngebüsch, das
abgewelkte Blühen einer
Wolke von erbsengrüner Kirschenfrucht
gekrönt –
samt aufgeprägten kaiserlichen
Doppeladlern – Portraits auf roten Ziegeln –
bröckelt die Friedhofsmauer ab
gestützt nur noch von immergrünen
Efeuranken –
im Aufwind flügelschlagend
steht
raubvogelgleich mein Herz nach Beute äugend

A una amapola en medio de la ciudad

de mis cabezas brotan
fuegos artificiales de lágrimas, la
lila se oxida, ondea
el ligustro, el camuflaje del
verano presagia tormentas –
la lechetrezna insemina el campo, los
estorninos planean, los mosquitos
zumban entre las zarzas, el
florecer marchito de una
nube coronada con frutos verde guisante
del cerezo –
junto al águila bicéfala imperial
en relieve – retratos sobre ladrillos rojos –
se desmorona el muro del cementerio
sustentado únicamente por zarcillos de hiedra
de hoja perenne –
batiendo las alas contra el viento
planea
mi corazón de ave rapaz acechando la presa

Gefühle des Umgangs

jene finsteren
Sonnen Seidenspinner in meinen mehreren
Kopfen : sprieszen Tränen also winkt neu
mir das Leben? mit
Mücken im Dorngebüsch, mit Blüten mit
Blut übersat fallen
die Stare ein, das Blut die
Blüte des Grases im grünen im sinkenden
Senserausch –   die geschlachteten
Köpfe im bunten
Visier, die tiefen
Wedel der Blumen, Beifusz und
Minze (Hilfsgeister) Fuchsien Ginster-
gestrüpp darin zu spüren zu strecken zu
fassen ans Wasser wo der Kornapfel
schwelgt, und hohle
Wellen ..
Berberitzen und Ackermeister das war
verrückt das war ver-
wittert ein Paradies, das Verrückte hat
seinen Sitz seinen
Glanz, ein Schwanenflaum ist zum Abschied
ein Federchen auf dem Weg gelegen, unter
der Gartentischplatte
wohnte noch bis zuletzt ein zitterndes
Spinnenpaar, aus und ein
durch die Luken des
Stalls flitzten die Schwalben, Saat-
krähen hockten bei
rostiger Egge (Zungen-
lakai), ein Schatten und unter
Büschen, Profile und Seelengestalten, die
Pappelrosen auch Banderolen in rosa als ob –
wie
atme ich Flieder ein wie
Perlmutt der Planeten

für Hans Haider

Sentimientos en compañía

esos soles
oscuros mariposas de seda en mis múltiples
cabezas : brotan lagrimas ¿vuelve a llamarme
la vida? con
mosquitos en los espinos, con flores
ensangrentadas irrumpen
los estorninos, la sangre la
flor de la hierba en la verde en la descendiente
ebriedad de la guadaña –   las cabezas
degolladas en las viseras
de colores, en las frondas
profundas de las flores, la artemisa y
la menta (espíritus auxiliares), fucsias matorral
de genista sentir allí estirarse
tocar el agua donde la manzana
se deleita, olas
huecas ..
Bérberos y asperillas fue
locura fue des-
moronado un paraíso, el loco tiene
su sede su
brillo, un plumón de cisne como despedida
dejó una plumita caída en el camino, bajo
el tablero de la mesa del jardín
habitó hasta hace poco una temblorosa pareja
de arañas, apareciendo y desapareciendo
por el tragaluz del
establo disparadas como flechas las golondrinas, grajos
encaramados en una
rastra de dientes oxidada (lacayo
de la lengua), una sombra y bajo
arbustos, perfiles y formas de alma, las
malvarrosas y vitolas rosas lo mismo que –
                                                            cómo
aspiro lilas como
madreperla de los planetas

für Hans Haider

naturelle Szene

und wies mir den Mond als
er Abschied nahm im Himmelsgerüst schwang
sich aufs Rad floh in die Nacth aber
sie schweifte Kamelzug : mit
dem Leib einer Ziege

sie gehen so durch die
Sonne den Wind : geometrische
Formen : gegenstätzliche kaleidoskopische
Farben / allzu Fuchsien
Gras parodistisch
Wasserpfützen in meiner Stirn wo
die Augen gebunden die Füsse ..

im Ginstergehege Muster Vergänglichkeit
Unikat Angst
der Sturm ist
in der Milch

viel Personenekinder, verschmolzen zu eine einzigen
Gestalt so heiss und brustrkrank : die
offenen Fester im Souterrain : Waschanstalt
Bügelluft schwallt
mir entgegen also
die Lehre von Natur

für Heinz F. Schafroth

escena natural

y me señaló la luna
al despedirse en la estructura celeste se
montó en la bicicleta huyó en la noche pero
ella vagaba caravana de camellos : con
el cuerpo de una cabra

y así circulan por
el sol el viento : formas
geométricas : colores caleidoscópicos
opuestos / *demasiado fucsias*
hierba paródica
charcos de agua en mi frente donde
los ojos atados los pies ..

en el cercado de genista modelo fugacidad
ejemplar único miedo
la tormenta está
en la leche

muchos hijos de personas, fusionados en una única
figura tan caliente y enferma de pecho : las
ventanas abiertas en el sótano: lavadero
oleada de aire de planchado
me sale al encuentro parloteando es decir
la lección de naturaleza

para Heinz F. Schafroth

der Garten, funkelnd wie seine Gewässer

mit zwei leeren Plastiksäcken über
den Hof, mir entgegen, mit zwei leeren windgeblähten
Plastiksäcken mir entgegen, über den Hof,
Abendessen zu holen für uns, links warum linkerhand
frage ich mich, rechts vermutlich die Zigarette, die
Zerreißprobe, mir entgegen, linkerhand
die beiden im leichten Wind nach oben gebauschten
Plastiksäcke, statt Einkaufstasche, über
den Hof, mir entgegen, nie mehr zu verwischen
in mir dieses Bild, über den Hof, schwankend,
du, sorgend, linkerhand, und jetzt ja jetzt die
deutliche Erinnerung an die rechterhand
Zigarette, und an die Lippen
geführt, und dein Kuß, und
da ist wieder einer jener seltenen
Wahrheitsmomente, für die es sich lohnt weiter
zu leben, um derethalben
ich dich zu lieben glaube, zum Beispiel
Tremolo so verflochten, während ich,
Irrwisch, die Augen beschattend, daß
schwimmenden Spiegels Spur
darin
du nicht sehen sollst

für Ernst Jand

el jardín, chispeante como sus aguas

con dos bolsas de plástico vacías cruzando
el patio, hacia mí, con dos bolsas de plástico vacías
infladas por el viento hacia mí, cruzando el patio,
traer algo de cena, con la izquierda por qué con su izquierda
me pregunto, probablemente en la derecha el cigarrillo, la
prueba de fuego, hacia mí, con la izquierda
ambas bolsas de plástico infladas hacia arriba
en el viento ligero, en lugar de una bolsa más recia, cruzando
el patio, hacia mí, indeleble ahora
esta imagen en mí, cruzando el patio, tambaleándote,
tú, provisor, con la mano izquierda, y ahora sí ahora el
recuerdo preciso del cigarro
en la mano derecha, y llevado
a los labios, y tu beso, y
aquí tenemos de nuevo uno de esos raros
momentos de verdad por los que merece
la pena seguir viviendo, por los que
creo que te quiero, por ejemplo
trémolo tan entrelazado, mientras yo,
fuego fatuo, protegiendo los ojos, para que
no tengas que ver en ellos
un rastro
de espejo inundado.

para Ernst Jandl

die Augen des Würfels (1)

bei abnehmendem Mond
(sehr) Morgenspaziergang
im Rauhreif, dampfende Senken
das dunkle Wölkchen der Bahn
vor dem besonnten Berg mit der weiszen
Spitze, im Hagel der abfallenden
Kastanienfrüchte und laufe
unter gelichteten Wipfeln ins blaue
Oktoberlicht

los ojos del dado (1)

bajo la luna menguante
(muy) temprano un paseo
en la escarcha, hondonadas humeantes
la oscura nubecilla del tren
frente a la montaña soleada con el pico
blanco, en el granizo de los frutos
que se desprenden del castaño y camino
bajo las copas que clarean en la azulada
luz de octubre

die Augen des Würfels (2)

als ich aus dem Baderaum :
das bläuliche Gletscherplateau
der zurückgeschlagenen Bettdecke
dasz ich erschrak,
Morgenlicht des Oktober, die stillen
Wipfel im Fenster

los ojos del dado (2)

al salir del baño:
la azulada meseta glaciar
de la colcha echada hacia atrás
me asustó,
luz matinal de octubre, las silenciosas
copas de los árboles en la ventana

»die Scherben eines gläsernen Frauenzimmers«
(Carl Einstein)

mich flieht der Schlaf
ich hocke auf dem Boden mit angezogenen Beinen
aus dem Kasten das Zweite Brandenburgische Konzert
nicht aufzufinden Freundesstimme tröstlicher Blick
ein junger Dichter schreibt mir
ob ich ebenso oft wie er daran denken muß
daß wir allein sterben
es ist der dreiundzwanzigste Dezember
vier Uhr morgens
aus meiner rechten Nase sickert das Blut

«las esquirlas de una mujer de cristal»
(Carl Einstein)

se me escapa el sueño
me siento en el suelo con las piernas recogidas
en la radio el Segundo Concierto de Brandemburgo
no se halla una voz amiga una mirada reconfortante
un joven poeta me escribe
preguntando si también yo pienso a menudo
que morimos solos
es veintitrés de diciembre
cuatro de la mañana
la sangre gotea por mi nariz derecha

Mutters Hostienblatt Mutters Seehöhe /
vernichtende Selbstanklage

1 Kerbtier : Kern einer Zitrusfrucht so
kükenhaft bleich und gestaucht : geknickt, zur Seite
geknickt, auf den Linnenboden geknickt auch Linoleum
abgewinkelt während des Hinschlagens, honigträufelnd ihr Mund
Mutters Horn- oder Honigbrille im Stürzen weg-
geschleudert, neben dem Ascheneimer, IM KABINETT.
Alles verrottet verschleudert verdammt, auf den Arm gestützt
im Liegen, während sie liegt auf dem Bretterboden, mich
anblickt. Ich weinte nicht sie so hilflos zu sehen ich
wuszte nicht was zu tun sei, und statt hinzuknien zu ihr
mich hinzukauern zu ihr um in gleicher Position –
statt mich niederzukauern, ihr Trostworte zuzuflüstern sie
zu umarmen, trat ich BEINAHE UNGERÜHRT BEINAHE VERÄRGERT
zum Tisch und rief eine Freundin an : komm rasch Mutter wieder
gestürzt.

La oblea de la madre nivel del mar de la madre /
autoinculpación destructora

1 insecto : semilla de una fruta cítrica tan
apolluelada pálida y comprimida : vencida, hacia un lado
vencida, vencida sobre el suelo de lino también linóleo
doblado durante el golpe, mielgoteante su boca
las gafas de pasta o de miel de mi madre salieron dispa-
radas en la caída, junto al cubo de la ceniza, EN EL GABINETE.
Todo malogrado malgastado maldito, apoyada
sobre el brazo, mientras permanece tendida en la tarima, me
contempla. No lloré al verla tan desvalida no
supe qué hacer, y en lugar de arrodillarme a su lado
acuclillarme a su lado para estar en la misma posición -
en lugar de ponerme en cuclillas, susurrarle palabras de consuelo
abrazarla, CASI IMPASIBLE CASI MOLESTA llegué
hasta la mesa y llamé a una amiga : *ven rápido mamá se ha vuelto
a caer.*

ob du mit roten Füßen Vogel trittst meinen Weg vorsichtig
ob rotfüßiges Tier rotkehliges Tier krallig in rot und rosa
ob flüchtig mit roten Zehen roten Fühlern was für ein Tier
in meinem Schädel / mit rotem Gefieder vermutlich
mit weichen Kissen Händen die Hände wie rosa Kissen der Mund
ich mich verfangen habe in roten Vogel in rosa Fleisch und Gefieder
ob du rotfüßiger Vogel auftrittst : Menschenfuß
in der Straße minimal um die Weite der Weißheit des
Auges zärtlicher .. Auftritt
neben mir meinem Fuß rosa Gefieder zärtlicher Blust
rotgefiederten Tieres .. so nahe mir
keinen Schritt näher! kippend Lektüre Blutung blutjung

Título negro

si tú pájaro con pies rojos pisas cuidadosamente mi camino
si tú animal rojipedestre animal rojigutural con garras en rojo y rosa
si fugitivo con dedos rojos antenas rojas vaya animal
en mi cráneo / con plumaje rojo probablemente
con almohadas mullidas manos las manos como almohadas rosas la boca
me enredara en un pájaro rojo vestido de carne rosa y plumaje
si hicieras tu entrada pájaro rojipedestre : pie humano
en la calle mínimamente más tierno por el diámetro de la blancura
del ojo .. Hace su entrada
a mi lado mi pie plumaje rosa floración tierna
del animal rojiemplumado .. tan cerca de mi
¡ni un paso más! *lectura vertiéndose sangrado de savia juvenil*

»poilphone Spur«

was für 1 Witz zwischen deinem und meinem Auge was für 1
herzsingendes atemsingendes Blitzen!, deine Wange in meiner
Hand meine Wange in deiner Hand ah die Wange des Apfels, St. Peter
über den Dächern (im Regen), Dreschflegel des Sommers / was für 1
Blitz was für 1 Passion was für 1 schmiegsames Lippenpaar was für 1
Augenstern was für 1 Passage was für 1 schmissiges Spatium zwischen
unseren Lippen   weil du kannst selber 1 alter Mann
sein weil ich kann selber 1 alter Mann sein / was für 1
prasselnde Glut die mein Auge berührt und versehrt was für 1
Zirkel im Mond im Mohnfeld im Mohrenfeld (ganz schwarz!) unser
Getrippel im Mohnfeld im Mohrenfeld (schwarz!) was für 1
Zittern der Mohnblumenblätter mohnblättrigen Fingerspitzen was für 1
fauchender Junistern, -sturm was für 1
Zittern Erzittern : Erzürnen der Himmelsgraffiti, des Bienenflugs, was für 1
Ergötzen was für 1 Ergötzung was für 1 geplättete (Bienen)Lust usw
Die abgeschnallte Armbanduhr in der Jackentasche, die abgehalfterte
Zeit die abgehalfterte Schrift die abgehalfterte Sprache! Inschrift
von Kirchweih *über den Feldern in den Hainen die Reflexe deines*
Gesichts deiner Stimme.. oh wie spelzet
das Fluten des gelben (Anbaus) nämlich, und Wogen von Raps : Süszkind
enormer Kadaver, die abermals Sterne ins Darmstädtische versprüht.

«rastro polifónico»

¡vaya 1 chiste entre tu ojo y el mío vaya 1
chiste cantacorazones cantarrespiración!, tu mejilla en mi
mano mi mejilla en tu mano oh la mejilla de la manzana, San Pedro
sobre los tejados (llueve). Mayal del verano / vaya 1
chiste vaya 1 pasión vaya 1 par de labios sedosos vaya 1
niña del ojo vaya 1 pasaje vaya 1 espacio con swing entre
nuestros labios   porque tú puedes ser 1 viejo
porque yo puedo ser 1 viejo / vaya 1
chisporroteo ardiente que roza mi ojo y lo malea vaya 1
compás en el astro en el campo de astromelias el campo astral
[(¡completamente negro!) nuestros
pasitos en el campo de astromelias en el campo astral (¡negro!) vaya 1
temblor de pétalos de astromelias de las astromélicas puntas foliares
[de los dedos vaya 1
estrella y tormenta de junio bramante vaya 1
temblor retemblor : rencor del grafitti celeste, del vuelo de la abeja, vaya 1
deleite vaya 1 deleitamiento vaya un placer exhausto (de abeja) etc.
El reloj de pulsera desabrochado en el bolsillo de la chaqueta, ¡el tiempo
abandonado la escritura abandonada la lengua abandonada! *Inscripción
de romería* sobre los campos en las arboledas los reflejos de tu
rostro de tu voz ..   oh cómo descascarilla
el ondear del (cultivo) amarillo, a saber, y olas de colza : dulce niño
enorme cadáver, *la que de nuevo rocía de estrellas la ciudad de Darmstadt.*

»deinetwegen ist . .« (Pindar / Hölderlin)

diese Pelargonien-Flur als Stäubchen ich meine
so aus dünnem Auge! *und flieszend : winziger*
Globus milchfarben orangefarben tomatenfarben ich meine
diese Flora Flocke und Staub diese Spur von Liebe und
Bluten und gleiszenden Blättchen im Weh-
bezirk, *abermals, und schreien durch Gassen WO*
BIST DU? –   so dein Auge : flammendes Wort so
In deinem Auge das flammende Wort / ich : jagend /
weder der brennenden Freude noch
......
(zugewandt)

«a ti debido...» (Píndaro / Hölderlin)

este prado de pelargonium como motas es decir
¡así *de ojo fino*! y fluyendo : diminuto
globo color lácteo color naranja color tomatoso es decir
esta flora copo y polvo esta huella de amor y
sangrado y hojillas brillantes en el *distrito*
del dolor, de nuevo, y gritar por las calles ¿DÓNDE
ESTAS? -   así tu ojo : palabra llameante así
en tu ojo la palabra llameante / yo : persiguiendo /
ni de alegría ardiente ni
......

(*atento*)

was brauchst du

was brauchst du? einen Baum ein Haus zu
ermessen wie groß wie klein das Leben als Mensch
wie groß wie klein wenn du aufblickst zur Krone
dich verlierst in grüner üppiger Schönheit
wie groß wie klein bedenkst du wie kurz
dein Leben vergleichst du es mit dem Leben der Bäume
du brauchst einen Baum du brauchst ein Haus
keines für dich allein nur einen Winkel ein Dach
zu sitzen zu denken zu schlafen zu träumen
zu schreiben zu schweigen zu sehen den Freund
die Gestirne das Gras die Blume den Himmel

für Heinz Lunzer

qué necesitas

¿qué necesitas? un árbol una casa para
calibrar cuán grande cuán pequeña la vida humana
cuán grande cuán pequeña al mirar hacia la copa
te pierdes en una belleza de verdor exuberante
cuán grande cuán pequeña piensas cuán corta
tu vida si la comparas con la vida de los árboles
necesitas un árbol necesitas una casa
no una toda para ti solo una esquina un techo
sentarse pensar dormir soñar
escribir callar ver al amigo
los astros la hierba la flor el cielo

für Heinz Lunzer

DIESES ECKCHEN NÄMLICH VON ARZT DU WEISZT DIESE ZIRREN (ZIRBEN)
von Weisz die der Maler ausspart diese Eckchen von
Maiglöckchenblume dasz der Betrachter ERFINDET im Anschauen
des Bildes weisze Flecken von Maiglöcken Blumen, ja, selbst
den Duft der Blume aus dem Geschauten erfährt, eben so
dieses Fleckchen von Weisz von Bildnis von Tröstung du weiszt
dieses Eckchen von Arzt, während auf dem Tischtuch die üppigen roten
Blütenblätter von Amaryllis wie rote Feuerzungen wie Lappen
wie rote Löffel von Hase, *nicht wahr*

ESTE RINCONCITO EL DEL MÉDICO TÚ SABES ESTOS CIRROS (CEMBROS)
del blanco que el pintor omite estas esquinitas de
flor de lirio de los valles que el observador INVENTA al mirar
del cuadro manchas blancas de flores de lirio de los valles, sí, incluso
experimenta el aroma de las flores en lo que ve, asimismo
esta manchita de blanco de retrato de consuelo tú sabes
este rinconcito del médico, mientras sobre el mantel los exuberantes pétalos
rojos de amarilis como lenguas de fuego rojas como trapos
como rojizas orejas de liebre, ¿no es así?

Sonnenfinsternis ’99 / Bad Ischl

Für Ernst Jandl

Erst wieder in 700 Jahren sagt ER
1 Jahrhundert Ereignis sagt ER
solltest du nicht versäumen sagt ER
auf dem Balkon ER setzt die Spezialbrille auf
verkrieche mich mit dem Hündchen in der
*   Schreibtischnische*
die Vögel verstummen –
1 Jahr danach SEINE ewige Finsternis

Eclipse solar del 99 / Bad Ischl

Para Ernst Jandl

Sólo cada 700 años dice ÉL
1 acontecimiento secular dice ÉL
no deberías perdértelo dice ÉL
en el balcón ÉL se coloca las gafas especiales
me escondo con el perrillo
        en el rincón del escritorio
enmudecen los pájaros –
1 año después SU eclipse definitivo

Körper Kunst

leider kann keine Mimosen hinlegen wie Schneekulisse
bei Sonnenstrahl, das Wasserhaschen in zierlichen
Flüssen, der Mandelbaum in voller Blüte von Blut, der
Mandelduft, gleichzeitig und warst in deiner Ecke in
Kopf und Herz – die Schmerz Oberteile *: ihr*
Tiefgelockten! wie die Landschaft einwanderte in mein
Gehirn wie Tennis Intellektuelle, diese Schädel Wallfahrt und
Almwäsche, dieser winzige Habitus und wo er auf Mohn oder
einschläfernden Kräutern ruhete, dieser
outfit der Seele. Wan war es, dein letztes Küssen?
bevor du .. ich weisz nicht aber jetzt
wird keiner mehr unseren Mund küssen, etc., nämlich
das kleinste Trödeln, *sein Silber Lehrling im Ginster.*
Sich hinmöbeln und hinstreunen und hindonnern - der
Würge Engel ist vorbeigekommen uns zu lieben. Verschleiertes
Ohr : muszte hinhorchen : hinlauschen : während
er sprach ob mir eins der aufgefangenen Worte
zu einem Ganzen verhelfe. Das Medikament (..)
hatte sich in meinem Leib eingenistet wie 1 befruchtetes Ei,
war nicht mehr loszukriegen war nicht mehr abzuschütteln,
war nicht mehr auszuschwemmen. Wie in geheimen
Wellen shiftet einmal diese einmal jene Person in
die Mitte unsres Bewusztseins, geometrische Figur
am Himmel während Gefunkel eines abnehmenden Morgenmonds
und unterstrichene Zeile eines Kondensstreifens nämlich
als Bild von Klee, oder Kandinsky (1925 : »IN BLAU«)

pena no poder disponer las mimosas como un paisaje nevado
bajo el rayo de sol, el deslizamiento del agua en gráciles
ríos, el almendro en pleno florecimiento de sangre, el
aroma de almendra, todo a la vez y estabas en tu esquina en
cabeza y corazón –   *el dolor de las partes superiores* : ¡vosotros,
rizos profundos! el modo en que el paisaje inmigraba en mi
cerebro como tenis intelectual, esta peregrinación cráneo y
colada de altos pastos, este minúsculo hábito y donde él descansaba
[sobre amapolas o
hierbas somníferas, este
outfit del alma. ¿Cuándo besaste por última vez?
antes de que tú .. no sé pero ahora
nadie besará ya nuestra boca, etc. es decir
el mínimo roncear, su aprendiz plata en la genista.
repoltronarse y revagar y retronar – el
ángel exterminador pasó junto a nosotros para amarnos. Disimulada
escucha : tuve que prestar atención: prestar oído: mientras
decía si una de las palabras captadas pudiera ayudarme
a lograr un todo. El medicamento (..)
había anidado en mi cuerpo como 1 huevo fecundado,
ya no pudo desprenderse ya no pudo deshacerse,
ya no pudo drenarse. Como en un oleaje
secreto una persona ahora luego otra se alternan en
medio de nuestra conciencia, figura geométrica
en el cielo mientras chispas de una luna menguante de mañana
y la línea subrayada de una estela de condensación es decir
como imagen de Klee o Kandisnky (1925 : «EN AZUL»).

»zuletzt brach ich in lautes
Schluchzen aus / und Hand in Hand
verlieszen wir das Haus«

Eduard Mörike

UND DA WIR WOLLTEN DA UNS GESELLEN
hineingesellen und -traben aber
die Tränen saszen locker lockige
Träne und bleicher Abend sasz da
mit ihm und wollte eigentlich keines
Wortes, Rand, nicht zu essen nur Gurgel (lahm)
brachte keinen Bissen herunter so
die Vorstellung Farnwald Niederwald diese
Qualen tage-, monate-, jahrelang – er behielt
immer alles für sich war nicht zu durchdringen
jetzt erst nach so langen Nächten kann ich
Zeichen erkennen : lesen : verstehen, jetzt erst
in diesem Schmerz und weil vorüber jeglich
Erd Geselligkeit Luft Geselligkeit eben, wünsche
mir Sonnen Ende und Untergang –
(so lieb o grosze liebe Seele du
nur von ferne das Winken als (Mexiko))

für Ernst Jandl

«primero rompí en un sonoro
llanto / y cogidos de la mano
abandonamos la casa»

Eduar Mörike

Y PORQUE ALLÍ QUERÍAMOS ENCONTRARNOS ALLÍ
llegar a juntarnos llegar trotando pero
las lágrimas se sentaban sueltas sinuosa
lágrima y la tarde pálida se sentaba allí
con él y en realidad no quería palabra
alguna, el borde, no comer sólo la garganta (lenta)
no pudo tragar bocado así
la imagen helechos arbóreos vástagos arbóreos estos
días, meses, años de tormento, él se lo guardó
todo para sí fue impenetrable
sólo ahora después de tantas interminables noches puedo
reconocer : leer : comprender signos, sólo ahora
en este dolor y porque finalizada toda
convivencia en la tierra toda convivencia en el aire, deseo
un fin de sol y ocaso –
(tan amada oh gran amada alma tú
sólo desde lejos las señales como (México))

para Ernst Jandl

Besteck Bouquet und Kunst der Grüsze, sagt er am Telefon, du
grüszt mit lebewohl : lebwohl obwohl sich dieser Grusz
für lange Abschiede am besten eignet, warum. Mir träumt
Bukowski nur das Wort der Name, will ihn kaufen am nächsten
Wochentag, Sonntage schrecklich nirgends was zu kriegen, Buchhandlungen
geschlossen, und in der Tat 1 Neubeginn, schreibt
Thorsten Ahrend, er musz es wissen, 1 neuer Stil hat sich so
eingeschlichen, vielleicht nur Speku-
lation. Hat mir geträumt
von Otto Breicha längst gestorben. So waren die vergangnen
leeren Tage Mist
im Sinn von Dünger dasz daraus die neuen Blumensträusze : Gedicht
Bouquets Buketts, empor geschossen – und als sie auftauchte
die Wirtin : hatte so schwarzen Schrumpfkopf Schwalbenkopf ich
weisz nicht. Um 8 ruft Nina Retti an, vertraute Tonart
die Morgensonne blendet durch die Jalousien, schwach das Lampenlicht
klebt am Plafond. Singe den Rhythmus mit er paszt noch nicht, er
sträubt sich lange, rauhe Lippe, vom Vortag der Geschmack
der jg.Zwiebeln noch im Mund undefinierbar lau und Lauch

(und käme er
nur einen Kuckuck lang zurück ..)

15.8.04

País de la abierta lejanía

Ramo de cubiertos y arte del saludo, dice por teléfono, tú
saludas con adiós : adiós a pesar de que este saludo
es mejor para las largas despedidas, por qué. Sueño con
Bukowski sólo la palabra el nombre, quiero comprarlo el próximo
día laborable, los domingos terriblemente nada que comprar, librerías
cerradas, y de hecho 1 nuevo comienzo, escribe
Thorsten Ahrend, él debe saberlo, 1 nuevo estilo se ha colado
así, tal vez sólo especu-
lación. He soñado
con Otto Breicha muerto hace tiempo. De modo que los días
pasados fueron basura
en el sentido de FERTILIZANTE del que los nuevos ramos de flores : ramo
ramilletes de poemas, crecen rápidamente – y cuando apa-
reció la casera : tenía una cabeza tan negramente jibarizada jilguerizada yo
no sé. A las 8 llama Nina Retti, tono familiar
el sol de la mañana deslumbra tras las celosía, débilmente la luz de la
lámpara se pega al techo. Canto al ritmo no va con él todavía, él
se eriza persistente, labio áspero, del día anterior el sabor
de las cebollas todavía en la boca indefiniblemente pueril y puerro

(y si volviera
sólo por un transcurso de un cuco ..)

15-8-04

für mein Milchkind, oder bin traurig kann hier nicht länger bleiben

Ein Berg Honig Melonen auf einem küchentisch wie Wachtuch (Kaffe Fleck Muster), Tischlade vermutilich mit Schlosz Besteck, *an der Breitseite des Tisches zusammengesunken das Mädchen mit Kurzhaar* unter den Fügeln des Löwen. *Ihr gelbes Sommerkleid am offenen küchenfenster, das 2.Fenster geschlossen VERSCHLEIERT, also die Kunstwirklickeit oder der poetische Taumel, an der Wand 3 Vergnügungs Teller und and den Fliesen 1 Schildchen, 1 innere leise Stimme vielleicht schluchzend die blonde Frisur und ich trete ein, mein Blut regt sich im Galopp und will trösten, siehe den strahlenden Diwan*

4.10.04

Para mi bebé, o lo siento no puedo quedarme aquí más tiempo

1 montaña de melones amarillos sobre una mesa de la cocina como un hule (muestrario de manchas de café), cajón de la mesa probablemente con *cubiertos de palacio*, en el lado ancho de la mesa desplomada la muchacha de pelo corto *bajo las alas del león*. Su vestido amarillo de verano en la ventana abierta de la cocina, la 2ª ventana cerrada VELADA, osea la realidad del arte o el frenesí poético, en la pared 3 platos de placer y en los azulejos 1 etiqueta, 1 callada voz interior tal vez sollozando, el rubio peinado y yo entro, mi sangre se alborota al galope y quiere consolar, *mira el radiante diván*.

4-10-04

des Sommers Fahnen
weisz und gold
die Föhren
in der Sonne : Kalt
am Morgen

Bad Ischl, 18.8.05

las banderas del verano
blanco y dorado
los pinos silvestres
bajo el sol : frio
en la mañana

Bad Ischl, 18-8-05

77, oder wollen Sie mit mir Über Tränen sprechen, Jacques Derrida (341)

im Himmel 1 Taube oder Weinlaub Spalt von Irrwisch was mich
weinen macht 1 Flügel 1 schwarzer Irrwisch im Spalt des Fen-
sters 1 Beben in meiner Brust was schwärmt mir an der Stirn :
ist nur 1 Sekunde ich sehe, imaginiere 1 Schar Vögel (Spazier-
gänger) die ihre Stimmen erheben. Spalt einer Birne auf dem
mit Krumen übersäten Küchentisch die Geschwister im krummern
Himmel, der gewaltige Busch vor dem Fenster, alle still dasz
Man die Schreie der Sterbenden nicht hört, die Schwalbe im Haar
Habe noch 1 Ziege auf meiner Zunge : PLAUDEREI
Ich sehe dich als blicktest du auf das Meer – als wäre ich
deiner Seele begenet

Für Heinz Schafroth zu 77.Geburstag
17/18.3.09

77, o quiere usted hablar conmigo sobre lágrimas, Jacques Derrida

en el cielo 1 paloma u hojas de vid brecha de fuego fatuo que me
hace llorar 1 ala un oscuro fuego fatuo en la brecha de la ven-
tana 1 temblor en mi pecho qué revolotea en mi frente :
es sólo 1 segundo veo, imagino 1 bandada de pájaros (pase-
antes) que alzan la voz. Brecha de una pera en la
mesa de la cocina poblada de migajas los hermanos en el curvado
cielo, el enorme arbusto frente a la ventana, todo en silencio que
no se escuchan los gritos de los moribundos, la golondrina en el cabello
tengo todavía 1 cabra en mi lengua : CHARLA
te veo como estuvieras mirando al mar – *como si hubiera*
topado con tu alma

Para Heinz Schafroth en su 77 cumpleaños
17/18.3.09

Nota de la traductora

Entre los motivos que esconde la escasez de traducciones al castellano de la obra de Friderike Mayröcker, autora varias veces candidata al premio Nobel y una de las voces de la lírica alemana más destacadas del siglo pasado, reside seguramente la dificultad de unos textos que, en una primera lectura, pueden parecer impenetrables. El uso de neologismos, las alusiones muchas veces indescifrables y el baile gramatical de sus construcciones hacen que sus poemas se nieguen a ofrecer un sentido definitivo. Tanto los poemas como los textos en prosa de Mayröcker son un reto para cualquier lector y, en consecuencia, para cualquiera que quiera asumir el riesgo de traducirlos. No digamos ya del riesgo que supone para los editores ofrecer estas rarezas en el panorama más bien conservador (aunque yo aventuro cada vez más curioso) de la poesía española. Transitar los textos de Mayröcker es adentrarse en un paisaje de arenas movedizas. Uno no llega a perder pie, pero tampoco siente al caminar la tierra firme. Es una suerte de viaje onírico por las orillas del sentido, de tanteo en sus límites. Por eso mismo, porque nos obliga a pensar en el lenguaje como si fuera un animal exótico y hermoso, pero tal vez algo temible, su escritura ejerce una magia fascinante a la que a numerosos amantes de la poesía nos resulta difícil sustraernos. Perseguida por esta fascinación comencé a traducir algunos de sus poemas en 2007, si bien diversos proyectos y obligaciones, junto a la sensación de que tal vez era una tarea demasiado arriesgada, me hicieron abandonarla durante muchos años.

Fue en verano de 2018, tras contactar con Magdalena Kotzurek, cuando me aventuré a retomar el proyecto de traducir la poesía de Mayröcker con idea de ofrecer a los lectores españoles una antología. Para entonces ya tenía muy avanzada la traducción de una selección de poemas del poeta Ernst Jandl (pareja de Mayröcker durante gran parte de su vida) que fue publicada un año después en Arrebato Libros (*Si no puede hacer nada por su cabeza, al menos arréglese la gorra*). Si la poesía de Jandl era directa y lúdica, la de Mayröcker era frondosa y abismal. Traducir a Mayröcker contribuiría a ofrecer un contrapunto a los lectores de la magnífica variedad e interés de la poesía austriaca contemporánea. Fue maravilloso que Magdalena compartiera mi entusiasmo por Mayröcker y creyera en la posibilidad de realizar unas versiones que transmitieran parte del misterio y la sensualidad de sus textos. Para mí, contar con alguien que, en su doble condición de poeta y traductora, compartiera lengua materna con la poeta, además de poseer un perfecto conocimiento del castellano y una aguda sensibilidad, resultaba fundamental para sentir que mi trabajo sería, si no fiel (es difícil hablar de fidelidad con textos como estos), al menos honesto. Fue por aquel entonces cuando conocí también a la poeta Isel Rivero quien me habló de su amistad con Mayröcker y me transmitió su firme convencimiento de la necesidad de este proyecto. Motivada a retomar las traducciones, aquel año planeé acudir a Viena contando con el compromiso de la Sociedad Austriaca de Literatura (ÖGfL), que me proporcionaría una ayuda para sufragar la estancia. Cuando ya estaba todo planificado, mi hijo Daniel anunció su nacimiento. Volvimos a reorganizar nuestros planes para el verano siguiente, pero llegó la pandemia y se cerraron las fronteras. Para entonces, Magdalena y yo, con la complicidad de Isel, habíamos escrito a Mayröcker, quien estaba al corriente de nuestro proyecto. Y, poco a poco, en la medida en que nuestros trabajos y obligaciones nos lo permitían, fuimos compartiendo numerosas sesiones por videoconferencia, en las que Magdalena desde Alemania y yo desde España, considerábamos las palabras y las contemplábamos, adviritiendo cómo funcionaban en una y otra lengua. A veces la dificultad de encontrar buenas soluciones era casi tan alta como el goce de aprender y pensar desde dentro de dos idiomas tan distintos. Finalmente, pude aceptar la invitación de la ÖGfL en el verano de 2023. Para entonces, Mayröcker ya había fallecido, pero busqué su recuerdo en el céntrico café Tirolerhof, donde nos habíamos sentado a conversar años atrás sobre las primeras traducciones de sus poemas, y donde le realicé una breve entrevista que se incluye en la presente edición. Aquel verano de 2023, casi al tiempo en que perfilaba las últimas versiones de estos poemas, nació María, la hija de Magdalena. Creo que para nosotras esta antología siempre va a estar acompañada del recuerdo de estos dos nacimientos: María y Daniel llegaron entre las rarísimas flores que son los textos de Mayröcker, y a ellos están dedicadas nuestras versiones.

Además, quisiera dar crédito aquí a dos mujeres que han contribuido a perfilar nuestras versiones de estos textos.

Celia Martín de León me hizo llegar desde Viena numerosas correcciones y sugerencias que han mejorado notablemente nuestras primeras propuestas. Celia se sumó con tanto entusiasmo y aportó tantos matices al proyecto que también le pertenece. Asimismo, Marina Schröder, que habita con soltura e inteligencia el terreno de las dos lenguas implicadas, fue fundamental para la traducción de algunos de los poemas más difíciles de la antología. Todas nosotras, junto a la valentía de una editorial como Arrebato libros, que creyó, fomentó y apoyó este proyecto, hemos conseguido que este libro largamente soñado se materialice.

El lenguaje de Mayröcker está lleno de pelculiaridades. Entre ellas, la utilización de las letras «sz» en lugar de la letra «ß». En castellano no había manera de mantener esta distinción, pero sí hemos respetado algunas decisiones relativas a la puntuación, como la introducción de un espacio antes de los dos puntos, o la incorporación de dos puntos suspensivos en lugar de tres. Esperamos haber podido traer al castellano algo de la magia y plasticidad que inventó Mayröcker para la lengua alemana.

Entrevista a Friederike Mayröcker Junio de 2007

por Sandra Santana

S.S: Nos encontramos un sábado a las cinco de la tarde en el Tirolerhof, un café situado en el centro de la ciudad de Viena, entre la Kärtnerstrasse y el Museo Albertina. Conversamos acerca de las maravillas de la repostería austriaca y de los numerosos y agradables cafés que hay en la ciudad.

F.M: Este es mi favorito. Siempre cito a la gente en el café porque mi casa está llena de cosas, realmente no hay sitio para nada, con tantos libros, notas y papeles...

S.S: He leído que incluso tuvo que comprar en una ocasión tres veces el mismo libro porque era incapaz de encontrarlo en casa.

F.M: Sí, eso me ocurrió con *Tarjeta Postal* de Derrida. Adoro ese libro, ¿lo conoce? Lo tuve que comprar en tres ocasiones porque quería leerlo y no lo encontraba en casa. Ahora ya no me ocurre, tengo más cuidado con él. Me gusta mucho todo lo que he leído de Derrida. Adoro la literatura francesa aunque siempre he leído los autores traducidos, a pesar de que aprendí francés en el colegio. Y también su filosofía: Derrida, Blanchot... Hay algo muy interesante para la escritura en estos textos filosóficos.

S.S: En sus poemas completos, aparecidos con motivo de su 80 cumpleaños y que abarcan gran parte de su producción entre 1939 y 2004, todos sus poemas aparecen datados. Y a través de las fechas se puede observar que escribe casi diariamente.

F.M: Sí, escribo poemas a diario. Sólo cuando escribo un libro de prosa dejo de escribir poesía. Como en los últimos meses, mientras trabajaba en el último volumen de *Magische Blätter*, pero ahora he comenzado de nuevo a escribir poemas. Estoy escribiendo mucho. También cuando recibo encargos para revistas, de algún texto en prosa o para alguna antología. Además, siempre escribo por la mañana temprano. Es una costumbre que adquirí cuando trabajaba como profesora y sólo tenía tiempo para escribir antes de ir a trabajar. Después tenía algunas horas libres entre las clases, pero era difícil escribir así. Trabajé durante veinticuatro años, como profesora de inglés. Fue mucho tiempo, demasiado... Durante un tiempo imparti clases en un colegio de un distrito de Viena bastante conflictivo y era difícil tratar con los chicos porque no estaban motivados y sabías que en sus casas no iban a hacer nada, que sus padres no iban a trabajar con ellos. En el año 1969 comencé a disfrutar de una excedencia y en el año 77 me prejubilé. Desde entonces me dedico sólo a la escritura. Esta prejubilación fue un alivio, una liberación. Es difícil compaginar esa doble vida, la escritura y la actividad docente. La docencia agota, no solo física sino también mentalmente.

S.S: Además de esta edición de sus poemas reunidos ha publicado también numeroso libros de poemas independientes (*Gute Nacht, Guten Morgen*; *Notitzen auf einem Kammel*) ¿Considera estos libros como unidades o son el resultado de reunir los poemas en los que ha ido trabajando?

F.M: Exactamente, son «poemas reunidos». Escribo a diario y pasado un tiempo, generalmente unos cuatro años, los recojo en un libro y continúo escribiendo poemas.

S.S: Sin embargo, tengo la sensación de que en sus libros hay una conexión más profunda entre los textos, que no es necesariamente estructural, pero que se produce mediante determinadas palabras que se repiten en los poemas y los conectan de cierta manera. Por ejemplo, los nombres de plantas y flores... Parece que no están tanto allí por la imagen que evocan, por sus colores, sino por los nombres mismos.

F.M: Sí, los nombres de las flores a veces son inventados, otras veces los recuerdo o los encuentro en algún manual de botánica. Lo que me interesa conseguir con estas referencias a lo vegetal es el contraste con lo humano. Este tema me interesa mucho. La comparación entre la vida del hombre y la vida de las plantas. También los pájaros, aparecen muchos nombres de pájaros en mis poemas, son muy importantes para mí.

S.S: Pero usted nació en Viena y ha vivido siempre aquí, ¿de donde viene esa obsesión por las flores y el interés por la botánica?

F.M: Bueno, hasta los once años pasé los veranos de vacaciones en un pueblo llamado Deinzendorf en la Baja Austria, casi en la frontera con la Republica Checa. Aquello era muy bello, allí podía pasear en el campo y durante aquellos veranos aprendí a amar el mundo de las flores y las plantas. Allí se despertó mi pasión por ellas. Después, lamentablemente, la casa tuvo que venderse, pasó a otros dueños y no la cuidaron. Ahora está abandonada, destruida. Es una lástima, a veces me gusta volver por allí, pero ya no es lo mismo, ya no es tan bello como entonces.

S.S: Viviendo en una ciudad como Viena, que a pesar de sus espacios verdes no deja de ser una gran urbe, ¿no se ha planteado nunca vivir en el campo?

F.M: No, no podría vivir en el campo. Amo Viena. No puedo escribir en ningún otro lugar. Sólo aquí, en mi apartamento, donde tengo mis notas, mis libros, mis papeles... De esto me di cuenta el año que pasé en Berlín, junto con Ernst Jandl con una beca del DAAD («Servicio Alemán de Intercambio Académico»). En todos aquellos meses no pude escribir ni una sola línea. Y resulta muy angustiosa, esa sensación de impotencia...

S.S: También pasó una temporada en Estados Unidos, visitando diversas universidades, ¿le ocurrió lo mismo durante esta estancia?

F.M: Sí, tampoco allí podía escribir, pero aquella fue una muy buena experiencia. Comenzamos en Nueva York y recorrimos toda la Costa Este dando lecturas invitados por distintas universidades. Pero esto fueron sólo seis semanas. El único problema allí es que el alumnado a veces no comprendía las lecturas, los poemas no eran fáciles y en un primer recitado... Había que hacer con ellos un trabajo preparatorio.

S.S: ¿Usted ha traducido del inglés al alemán?

F.M: Sí, alguno, cuando era joven, traduje algo de Yeats... Y Gertrud Stein, sí. Junto con Jandl tradujimos algunos textos de Stein. Fue un trabajo muy difícil, nos llevó mucho tiempo y finalmente esta traducción no llegó a publicarse nunca por un problema con los derechos de autor; quien los tenía en aquel momento no permitía que se tradujese.
La lectura de Gertrud Stein me influyó mucho. Leí toda su obra en este mismo café, en el Tirolerhof, durante las tardes. Pero leía sus libros en versiones alemanas, a pesar de que leo bien en inglés, porque como autora necesito leer en alemán. En muchas ocasiones utilizo la técnica de montaje y hago collage en mis textos, por eso es importante tener el texto en alemán. Además existen buenas traducciones. El caso es que la obra de Stein me afectó mucho, se quedó conmigo y sentí que necesitaba hacer algo con ella. Escribí años después, tras la muerte de Jandl, *Und ich schüttelte einen Liebling* que es un libro en el que la magia está muy presente, como en toda mi obra. En el que Stein está conmigo, habla conmigo, me acompaña en el coche...

Referencias y fechas de los poemas

La poesía de Friederike Mayröcker fue recogida en 2004 en el volumen *Gesammelte Gedichte: 1939-2003*, Frankfurt del Meno: Suhrkamp (GG). La mayoría de los poemas han sido tomados de esta edición. Dado que la autora dice no concebir los libros de manera unitaria, sino realizar colecciones de poemas, no se ha considerado necesario aludir a las ediciones de los poemas anteriores a esta publicación. Sin embargo, se ofrece al final de estas páginas una bibliografía seleccionada de algunos de sus libros de poemas más conocidos. Al final de la antología se recoge una selección de poemas del libro dieses *Jäckchen (nämlich) des Vogel Greif* Frankfurt del Meno: Suhrkamp, 2009 (JVG). Mayröcker no dejó de escribir y publicar prácticamente hasta su fallecimiento en 2021.

Se señala a continuación la fecha de escritura de los poemas de la antología y la paginación según las anteriormente citadas ediciones:

— Canción en octubre [Lied im Oktober] (5 -10- 46), GG, p. 13.
— visión previa al invierno [vorwinterliche Vision] (46/47), GG, p. 16.

— Interior de iglesia [Kircheninneres] (46/47), GG, p. 17.
— Fría canción cortesana [Kühles Minnelied] (46/47), GG, p. 17.
— Verano de infancia [Kindersommer] (18-5-47), GG, p. 22.
— se secará como la hierba [wird welken wie Gras] (50), GG, p. 33.
— Hojea el bosque [Blättere den Wald] (57/58) GG, p. 73.
— A veces con cualquier movimiento casual [Manchmal bei irgendwelchen zufälligen Bewegungen] (59), GG, p. 83.
— Hierba blanca a mechones en la cabellera de la tierra [Büschelweise weiszes Gras im Schopf der Erde] (60/62), GG, p. 86.
— La magia marmórea fría y gris de primavera temprana [Die marmorne die Steinkühle die vorfrühlingsgraue Zauberei] (60/62), GG, p. 87.
— La llamada [Der Aufruf] (apx. 62), GG, p. 93.
— un forastero una cabeza morisca [ein Fremdling ein Mohrenkopf] (3-1-73), GG, p. 244.
— el año nieve [das Jahr Schnee] (13. -15.11.77), GG, p. 292.
— Terceto del 21-2-1978 [Dreizeiler am 21.2.1978] (21.2.78), GG, p. 311.
— Mundo marino [Meeres Welt] (21.12.79), GG, p. 320.
— Trampantojo [Augenfalle] (23.1.80), GG, p. 320.
— la inmolable [die Schlachtbärin] (30.-31.1.80), GG, p. 324.
— Tiempo de vida [Menschenalter] (12.2.81), GG, p. 356.
— Depresión [Depression] (12.2.81), GG, p. 356.
— Zoológico en la lavandería [Tierpark im Waschsalon] (17.2.81), GG, p. 357.

— Estanquera [Trafikantin] (18.2.81), GG, p. 357.
— febrero infernal [höllischer Februar] (18.2.81), GG, p. 358.
— trasformación esencial... [wesentliche Verwandlung...] (23.-25.2.81), GG, p. 358.
— Aliento de primavera [Frühlings Hauch] (22.6.81), GG, p. 359.
— para G. H. [für G. H] (81), GG, p. 360.
— sobrefebril [überfiebert] (1-3-81), GG, p. 360.
— Segantini [Segantini] (2-3-81), GG, p. 360.
— Pérdida y cercanía [Verlust und Nähe] (2-3-81), GG, p. 361.
— Paisaje de papel [Papierlandschaft] (3-3-81), GG, p. 362.
— Anillos de Newton [Newtonringe] (3-3-81), GG, p. 362.
— Dove [Dove] (4-3-81), GG, p. 363.
— sin cera [ohne Wachs] (4-3-81), GG, p. 363.
— Báscula de palmera [Palmen-Waage] (5-3-81), GG, p. 364.
— en el baldaquino, languidecer y esperar [Im Traghimmel, schmachten und warten] (10-3-81), GG, p. 364.
— con asonancia deslumbrante [mit hinreiszender Assonanz] (10-3-81), GG, p. 365.
— Desviaciones [Abweichungen] (12-3-81), GG, p. 365.
— escena doble [doppelte Szene] (13-3-81), GG, p. 366.
— Carta, con busto negro [Brief, mit schwarzem Putzkopf] (15-3-81), GG, p. 367.
— doy de beber a la estufa [ich gebe dem Ofen zu trinken] (15-3-81), GG, p. 367.
— Universo [Universum] (16-3-81), GG, p. 368.
— Masa lunar [Masse des Mondes] (18-3-81), GG, p. 368.

- el encanecimiento del cabello [das Ergrauen der Haare] (18-3-81), GG, p. 368.
- Vela de cabeza [Kopfkerze] (18-3-81), GG, p. 369.
- entre los claveles [durch die Nelken] (23-3-81), GG, p. 369.
- arbitrario, crepitante [eigenmächtig, knisternd] (23-3-81), GG, p. 369.
- tras la lectura de algunos poemas... [nach der Lektüre mehrerer Gedichte...] (24-3-81), GG, p. 370.
- sacrificio de primavera [Opfer des Frühlings] (24-3-81), GG, p. 370.
- « .. abandona su consulta .. » [» .. gibt seine Praxis auf .. «] (26-3-81), GG, p. 371.
- cuerdas tensoras [Zeltleinen] (26-3-81), GG, p. 372.
- movimiento en falso [falsche Bewegnung] (7-5-81), GG, p. 394.
- Anticipación de un futuro... [Pegasus Vorwegnahme einer Zukunft...] (17.5.81), GG, p. 398.
- la imagen [Das Bild] (18-5-81), GG, p. 398.
- conversación vespertina [Abendunterhaltung] (16.7.81), GG, p. 404.
- Cipreses [Zypressen] (16-7-81), GG, p. 404.
- A mi madre [für meine Mutter] (18-9-81), GG, p. 406.
- agujas sólidas [solide Nadeln] (19-1-82), GG, p. 419.
- hombre pájaro pliegas tus alas [du Vogelmensch läszt dein Gefieder sinken] (27/29-5-85), GG, p. 442.
- A una amapola en medio de la ciudad [An eine Mohnblume mitten in der Stadt] (29-5-85), GG, p. 442.
- Sentimientos en compañía [Gefühle des Umgangs] (29. -31.8.85), GG, p. 452.
- escena natural [naturelle Szene] (22-1-86), GG, p. 480.

— el jardín, chispeante como sus aguas [der Garten, funkelnd wie seine Gewässer] (11-5-88), GG, p. 507.
— los ojos del dado (1) [die Augen des Würfels 1] (18/20-10-89), GG, p. 524.
— los ojos del dado (2) die Augen des Würfels 2 (18/20-10-89), GG, p. 524.
— »las esquirlas de una mujer de cristal« [»die Scherben eines gläsernen Frauenzimmers«] (23-12-90), GG, p. 552.
— La oblea de la madre... [Mutters Hostienblatt...] (21-2-95 / 18-1-96), GG, p. 626.
— Título negro [Schwarzer Titel] (2/3-5-95), GG, p. 629.
— rastro polifónico [polyphone Spur] (3/16-5-95), GG, p. 630.
— «a ti debido...» [»deinetwegen ist .. «] (Pindar/ Hölderlin) (25-5-95), GG, p. 631.
— qué necesitas [was brauchst du] (5/6-95), GG, p. 631.
— Este rinconcito el del médico... [Dieses Eckchen nämlich von Arzt...] (4-6-00), GG, p. 692.
— Eclipse solar de 99 / Bad Ischl [Sonnenfinsternis '99 / Bad Ischl] (4/8-11-00), GG, p. 696.
— Arte de cuerpo [Körper Kunst] (4-3-02), GG, p. 734.
— Y porque allí queríamos encontrarnos... [und da wir wollten da uns gesellen] (13-3-02), GG, p. 735.
— País de la abierta lejanía [Land der offenen Ferne] (15-8-04), JVG, p. 10.
— Para mi bebé, o lo siento no puedo quedarme aquí más tiempo [für mein Milchkind, oder bin traurig kann hier nicht länger bleiben] (4-10-04), JVG, p. 18.
— las banderas del verano [des Sommers Fahnen] (18-8-05), JVG, p. 74.

— 77, o quiere usted hablar conmigo sobre lágrimas, Jacques Derrida [77, oder wollen Sie mit mir Über Tränen sprechen, Jacques Derrida] (17/18-3-09), JVG, p. 341.

Bibliografía poética seleccionada

Tod durch Musen, Reinbek: Rowohlt, 1996.

Ausgewhälte Gedichte 1944-78, Frankfurt del Meno: Suhrkamp, 1979.

Gute Nacht, guten Morgen: Gedichte 1978-81, Frankfurt del Meno: Suhrkamp, 1982.

Winterglück: Gedichte 1982-85, Frankfurt del Meno: Suhrkamp,1986.

Das besessene Alter: Neue Gedichte 1986-1991, Frankfurt del Meno: Suhrkamp, 1992.

Notizen auf einem Kamel: Gedichte 1991-1996, Frankfurt del Meno: Suhrkamp, 1996.

Mein Arbeitstirol: Gedichte 1996-2001, Frankfurt del Meno: Suhrkamp, 2003.

Scardanelli, Frankfurt del Meno: Suhrkamp, 2009. [Traducción al castellano de José María Reina Palazón, Scardanelli, Málaga: Edalibros, 2014

Friederike Mayröcker: „Service"

Este libro se terminó de imprimir en septiembre de 2024, en el centenario del nacimiento de Friederike Mayröcker

EN ESTA MISMA COLECCIÓN:
Ernst Jandl, *Si no puede hacer nada por su cabeza, al menos arréglese la gorra: Antología (1952 - 1989)*, Arrebato libros, 2019.